その不幸には意味がある

身の内に在り

100訓

平 木 歡 二

はじめに

この「身の内に在り　一〇〇訓」は、私が生涯で経験し学んだ、人生の集大成として、書き上げたものです。

人の人生の中には、学校、家族、仕事、老後などそれぞれの生活があります。そして、その人生においては、様々な悩みや困難に出遭うことでしょう。

そんな時、この本が悩みや困難を乗り越える人生の手引書として、読者の皆様に少しでもお役に立てることができれば幸いです。

最後に、この一冊を常に活用して頂けますように、皆様の身近なところに置いて頂けることを願うばかりです。

追記：本書の出版に際し、福山武美氏、産經新聞生活情報センター弓手友信氏、奥田辰典氏ほか多くの方のご助力を頂きましたことに心より感謝申し上げます。本当にありがとうございました。

令和四年三月吉日

目次

一、人間について（人生）

二、教育

三、基本動作

四、物の考え方

五、健　康

六、失敗から学ぶ

八、仕　事

九、商い

十、経営

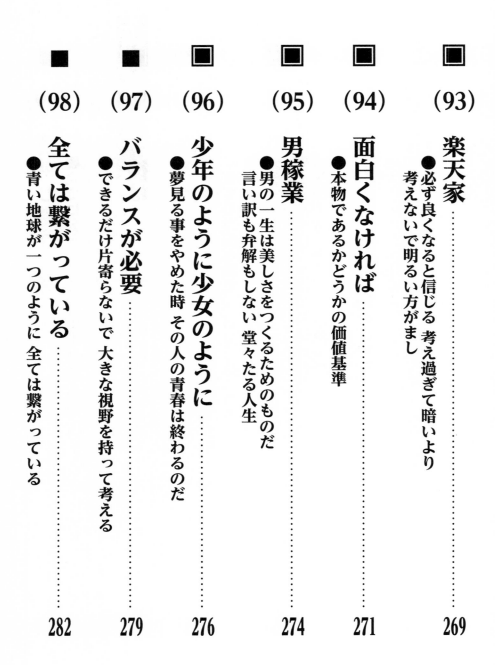

一、人間について（人生）

■（1）人間とは

●人間とは弱い生き物である
ただ時としてとんでもない事を しでかす生き物でもある

「人間とは」と問い続けることは、どんな職業においても必要なことではないでしょうか。なぜなら、人間は人間のために働くのですから、その人間のことを知らずしてどうして働く目的が達せられるでしょう。

人間の本質は「善だ」「いや悪だ」と昔から繰り返し論じられています。勿論それぞれの立場から主張されているので考え方はいずれも正しいと思うのです。

人間は本来善人であり、また本来悪人なのです。人間は勤勉であり、また怠け者でもあるのです。

どちらが正しいかではなく、どちらも併せ持っているのではないでしょうか。それほど人間は複雑であり、またこれほど単純な生き物もありません。

今日のように、ある限られた場所に集中的に人が集まると、そのエネルギーとストレスは大変なものです。人間関係だけでもより複雑化するのはあたりまえのように思います。

人間は生物学的に言えば動物なのですが、余りに文明や科学が発達し過ぎて問題も多く抱えるようになったのでしょう。物欲、食欲、性欲の本能は非常に強いものですし、自然の力でもありません。否定ばかりしないで、うまくこれらの欲望と付き合う考え方が必要です。また、人間は自分に都合のよい事はよく覚えているし主張もする、反対に都合の悪い事はすぐ忘れてしまいます。他人の不幸は面白がるし、本質を深く考えるというより、体面とか外見だけで判断するクセもあるようです。しかし、他人の幸福を喜び、他人の不幸を心から悲しむ。そんなあたりまえのことが人間にとって大切なことの一つなのです。

人間の欲求の中で一番強いものは「自由」です。本来人間は何ものにも束縛されず、空を飛ぶ鳥のように自由でなければなりません。その自由を限度を超えた力で束縛すると、必ず手痛いしっぺ返しにあいます。人間が幸福になりたいと思う欲求を妨げる権利は誰にもないからです。

人は生まれながらの寂しがり屋です。どうあがいても一人では生きて行けないのです。一人である、ということはどこかに無理があるように思います。ですからわずらわしくても上手に人間関係を保たねばなりません。それには相手の気持ちになって考えるという基本が必要なのではないでしょうか。

「人情浮薄にて、今日喜ばるゝもの明日は捨てらるゝのよ」
※人情というものは移り気なもので、今日喜ばれても明日は忘れ去られるものである
樋口一葉　日記より

「人間はみんな変わる。伸びてゆく者もあり、外れたり倒れたりする者もある。決して同じ状態に停まっていることはない。しかも人間はいつも変わらない状態を求める」

山本周五郎著『火の杯』（新潮社）より

「人間とは本来弱いものだ。だが、信念とか使命感で行動する時は、なぜか果てしなく強くなる」

中内㓛　ダイエー創業者

「人間はひとくきの葦にすぎない。自然の中で最も弱いものである。だが、それは考える葦である」

ブレーズ・パスカル著　随想録『パンセ』より

■（2）塞翁が馬

●禍を転じて福と為す

人生の幸不幸は前もって分からないものだから、その度に悲しんだり喜んだりすることはない。

国境に住む老翁の飼馬がいなくなったので村人達が気の毒がると、翁は「何、今に善いことがあるよ」と平気であった。すると数ヵ月後、その馬が駿馬《しゅんめ》を連れて帰って来たので、村人達が「よかった、よかった」と喜ぶと、翁は「また何か悪い事が起こるかもしれないよ」と、それを喜ぶふうもなかった。ところが翁の息子がその駿馬に乗って落馬し、足を折ってしまった。村の人が見舞いに行くと、翁は「いや、また何か善いこともあるだろうよ」と平気だった。すると戦争が起こって、まともな人は皆連れて行かれ大部分は戦死したが、翁の息子は足が悪いおかげで徴兵をまぬがれて助かった。このように、翁には悪い事と善い事が幾度か巡ってきたが、翁はその度に悲しんだり喜んだりする様な事がなかったという。

折井英治著『暮らしの中のことわざ辞典』（集英社）より

人の一生というものは本当にわからないものです。なのに人は余りにも目の前の事象にとらわれ過ぎて、長い目で物を視るという事が下手な様です。不幸は幸福への扉でもあるのです。

そんな馬鹿なと思われるなら昔の事をちょっと思い出してください。あの時はせっかくの旅行だったのに大雨が降ってなどと、今は懐かしく思い出されるではありませんか。あんな失敗をしたけれど、あんな苦労をしたけれどと多分とどまる事を知らないと思います。

例えば、家が火事で焼けたという様な事でも、家族全員が努力して5年もすれば前よりも立派な新しい家を建てる事が出来たというふうに、人生は廻り舞台の様にくるくる廻っているのです。

「禍を転じて福と為す」という諺を引っ張り出すまでもなく、皆さんはもうおわかりだと思います。何事にも短絡的に物事を判断せず、人生百年という大きな尺度の中で物事を考えなさいという事です。

何か事ある毎に喜んだり悲しんだりするのでなく、人生の起伏を味わうという大きな気構えを持ち、たとえ不幸でも人生を深くする心の試練と考え、人生の糧にしてしまう。そんな心構えの出来る人間になりたいものです。

■（3）君子に三戒あり
●時代と共に価値感も変える

孔子は論語の中で「君子に三戒あり」と戒めています。

青年の時は性欲に、壮年の時は闘争心に、老年になると物欲に気をつけなさいと記しています。


青年の時には心身の発達が異常な程早く活発なものです。

当然性に対する好奇心も欲望も人一倍強く激しい時期です。それだけに性欲のために身を誤ってしまう事の一番多い時期でもあるのです。

性欲は本来子孫を繁栄・持続するためにあるものです。

動物や植物、昆虫を見ても分かるようにそのメカニズムは単純で一直線です。それだけに他の欲望と比較してもその強さは一番激しいと認めざるを得ません。

知的動物である人間は、他の動物と比較してより複雑でデリケート（繊細）なものです。それだけに性欲を知性で制御する事は非常に困難であり、犯罪の大きな要因となる理由でもあるのです。

人間の感覚の中で一番快感が強く、甘美な誘惑なのですから、若い時には特に「性」に暴走しない様に注意しなさいと教えています。

壮年になるとどういうわけか人は闘争心が旺盛になり、闘う必要のない相手に対しても知らず知らずのうちに、闘いを臨んでしまうという癖がもともとあるようです。

「競い合う」という一つの根本原理が闘争心でもあるのですが、優性遺伝の根拠でもあります。優れた者を子孫に残すという「神」の意思がそこにあるのです。

「弱肉強食」という自然の法則でもあります。

しかし人間は競い合う事になっても、相手を傷つけてはなりません。競争の発達原理を否定する事だからです。無視するといずれ自分に返ってきます。

人間には当然好き嫌いの思考があるのですから、好ましい相手も嫌いな相手もあるわけです。しかしどんなに嫌いな相手でも敵に廻さない、味方にできなくても敵に廻さないという知恵が大切なのです。

闘争心を抑えるというのは、できるだけ敵を作らないという考えでもあるのです。

強大な軍備を持つとつい戦争をしたくなるように、鉄砲を持つとつい撃ちたくなるのと同じで壮年の時は気力が充実し、仕事に対しても脂が乗り、知らず知らずの内に闘争的になるようです。

心身共に充実した時、争わなくてもいい相手に闘いを臨んだり、闘いを臨む相手を諌める度量を持ちたいものです。

争いは勝とうが負けようが、結局互いに傷つけ合う事なのです。「三文の徳」もありません。「競い合う事」はあっても「争う事」がないよう、孔子は壮年になると厳に闘争心を戒めています。

どうしても闘争心の旺盛な人はスポーツの中にそのエネルギーを燃焼して頂きたいと思います。

老年になると人間は不思議な程に物欲が強くなります。

今まで蓄えた物に対する愛着が執着をもたらすのでしょうか、財産や権力を残そうとしたり、物欲に対する執着が事のほか強くなるのです。

太閤秀吉は百姓から身を起こし天下を取った人ですが、それ程の人でも晩年になると朝鮮国に戦争を挑んだり、息子の愛に目が眩み天下の権力を継がそうとして結局、豊臣家も息子をも滅してしまったのです。

歴史に名を残す程立派な人でも晩年には過ちを犯してしまうのです。ましてや我々凡人は年が老いると物欲には特に気をつけねばなりません。

どんなに欲を張っても老い先は短く、死んでしまったらいかなる金銀財宝も石程の値打ちも無くなってしまうのです。

人が死ねば土に還る様に、金銀財宝も社会に還元する位の気持ちのゆとりが欲しいものです。それで初めて人の一生の締めくくりが完結するのです。

若い時の物欲は将来の糧《かて》であっても、老いてからの過度の物欲は恥以外の何ものでもない事を肝に銘じて頂きたいものです。

■（4）光陰矢の如し

●瞬間々を生きる

「露と落ち 露と消えにし 我が身かな 浪速のことは 夢のまた夢」
豊臣秀吉　時世の句より

今までにどれだけ多くの人が生まれ死んでいったのでしょうか。

そして人間は死ぬ時一体どんな感想を人生に対して持つのでしょうか。

私は多分殆どの人が人生は長かったと思わないで、夢のようにアッという間だったという感想を持って死んで行ったと確信しています。

なぜなら、私も現在の年齢になるまでふり返ってみるとアッという間の出来事だったように感じるからです。

「光陰矢の如し」の諺通り、人間の一生など儚《はかな》くアッという間に終わってしまうものです。どうせ死ぬのです。五十歩百歩です。

映画「風とライオン」で主人公のショーンコネリーが「失くして惜しいものなど果たしてこの世にあるのだろうか」と語るシーンがありますが、死ぬ時にお金でも手土産《てみやげ》に持って行きますか。

医学がものすごく発達していつ死ぬかわかるようになったとしたら、きっと人生観など一八〇度変わってしまう、そんなちっぽけな人生しか私達は歩んでいないように思うわけです。

瞬間の連続が一日であり人生なのですから、難しい事ですがいつ死んでもいいように心がける、そうすれば一日一日が輝いてくるように思いませんか。

時には何物にもとらわれず、人生に開き直るのも自分を鍛える一つの方法です。本当に困った時の腹の据わり方が違うからです。

「山よりでっかい獅子は出ん」という諺がありますが、駄目でもともと何ものも恐れず思い切って勇気を持って人生を生きなさいという事です。

マリリンモンローが生前インタビューを受けて「今ここにいる私が全てです」と答えているのが深く印象に残っています。

「光陰矢の如し」は、時間の大切さを、覚悟を決めて生きる人間の生き様を我々に教えています。

■（5）時間＝瞬間（とき）

●時間の無い人程 良く働き良く遊ぶ

二〇二〇年厚生労働省発表の日本人の平均寿命は、女性が八七・七四歳、男性が八一・六四歳だそうです。

日本は、いつの間にか世界でも有数の長寿国になっていたのです。食べ物や医学が飛躍的に発達し、豊かになったためだと思いますが、例えば八〇歳まで生きたとして一体何時間私達は生きた事になるのでしょう。

八〇年間を時間に直すと約七〇万時間、秒にすると約二五億秒位になります。意外に少ないと思いませんか。勿論この七〇万時間には睡眠時間も含まれています。

睡眠時間を平均八時間とすれば、八〇年間で約二三万時間、これを引くと私達が意識して生活する時間は約四七万時間で一七億秒という数字になります。要するに八〇年間の人生は一七億秒で成り立っているのです。

八〇年間を日数に直すと約三万日位になります。

本に例えれば、私達は三万ページの本を毎日毎日一ページずつめくりながら過ごしているのです。そしてこの本はめくった後から消えて行くので、もう一度読み直そうと思っても、後戻りする事が許されないのです。

よく考えてみれば、人生は瞬間、瞬間の連続であると言っても差し支えがない程時間は貴重な珠玉の宝石であり、何ものにも代えがたい物であるのです。ですから、日常の人間関係の約束事の中で一番大切な事柄は、時間の約束は守るという至極簡単な事なのです。

時間の約束を守るという事は、自分の時間は勿論の事、相手の貴重な時間を尊重するという事なのです。「時は金成り」という諺がありますが、とんでもない話です。

時間をお金で買う事などできるはずがないからです。時間は命そのもの、何物にも代える事のできないものなのです。

時間は空気や水と同じ様に無尽蔵にあると思えばつい油断が生じ、無駄遣いをしてしまい、残りが少量しかないとなればそれこそ他の何物にも代えがたい貴重品となるのです。貴重な時間＝瞬間だから一分一秒を惜しんで使うという事になるのですが、何もしない、途方もない無為や無駄の大切さもまた人間成長には欠かせないものなのです。

時間を瞬間（とき）と書き改めた真意は、人生は限り無く瞬間の連続から成り立っているという真実を、そして珠玉の様に輝く貴重な時間の大切さを、その肉体にしみ込ませるように諭しています。

■（6）焦る

●飛ぶ様に過ぎて行く時間のはざまを 精一杯に生きようとする

「鎡基ありといえども時を待つに如かず」（孟子）

※どんなに素晴らしい農具をそろえていても、季節はずれに農作業をしていたのでは収穫を期待できない。それよりは季節の訪れを待って作業を始めたほうが、たとえ粗末な農具でも立派な収穫をあげることができる。

焦るという意味はどちらかというと、あまり皆からよい言葉とはされてはいないようですが、しかし、若い時何かを成そうと志を立てている人間にとって表面はともかく、多少焦るという気持ちがないと駄目だと思います。

焦るという事は何かをしよう、向上しようという気持ちの表れではないでしょうか。

のんびりと人生を楽しむのが人間の理想の姿ではあると思いますが、人間一度志を立てると時間は余りにも少ないものです。

なぜなら十代、二十代の年齢が精神的にも肉体的にも知識を吸収するのに一番適した年齢だと思うからです。

その年頃は多感で遊びもしたい、あれもしたいと一番忙しい青春の季節でもあるのです。勉強しようと思うと、どうしても時間が足りません。強弱の差はあれ、それが焦るという形で、若い時には誰にでも出てくるのだと思います。

のんびりと暮らすのも人生、恋をするのも人生、勿論選択するのは自由です。

「焦る」という事は、何かを学ぼうという姿勢であり、意欲の表れだと思います。

焦りが若さの特権であるとしたら、こうありたい、あれもしたい、これもしたいと思う夢見る気持ちは幾つになっても心の若さの象徴ではないでしょうか。

確固たる目的や、夢のない人生が駄目だとは言いませんが、人間に生まれて来たのならいつまでも瞳の輝く少年のような気持ちでありたいと思うのは、間違った考えでしょうか。

幾ら年をとっても何かを夢見、目的をつくり、少年のように逸《はや》る気持ちを心に隠して生きていたい。

「焦る」とは、「光陰矢の如し」と言われるように、飛ぶように過ぎて行く時間のはざまを精一杯に生きようとする青春の一ページだと思います。

■（7）驕（おご）る

●実るほど頭を垂れる稲穂かな

（1）自分は他と隔絶した高い所にあり、質が違うのだと思う意。
（2）自己の才能・権勢などに得意になる。
新村出著『広辞苑』（岩波書店）より

昔のすぐれた中国の皇帝や戦国時代の大将、現代においては会社の社長など、人の上に立つ指導者は自分の側近に諫言《かんげん》（命を投げ出して主君の非を諫《いさ》める）する人を必ず置くといいます。

諫言者を側に置くという指導者はどちらかというと優れた指導者であると思います。その優れた指導者にあっても高い地位についたり、出世したりすると知らず知らずのうちに「驕り」という病気にかかってしまうというのです。まして我々凡人は少し良い事があったり続いたりすると、風邪をひくように簡単にこの病気にかかってしまいます。

困った事にこの病気は自覚症状がないので、他人に迷惑を及ぼします。この病気の為に失敗したり、身をあやまった人の数は計り知れません。

例えば芸能人など少し人気が出たりすると、周囲からちやほやされるので例外なく舞い上がってしまいます。

いつまでもいい時ばかりではないので、人気が落ちればみじめなものです。そういう時、誰か周囲の人が「驕る」という話をしてあげれば人気が長続きし、本当の良い芸能人さんになっていくものです。

良い事が続いたり、少し上の地位に上がったら「驕る」気持ちがいささかも自分の中に無いか戒めなければなりません。また、いつでも自分を縛《いまし》めてくれる友人を自分の周囲に持つという事も大切な事です。

「実るほど頭を垂れる稲穂かな」という諺があるように、いつも謙虚に誰に対しても腰が低く、どんな人の意見でも熱心に聞く。そんな思いやりの深い人間になりたいものです。

■（8）鈍（どん）

●「バカ」になりなさい　バカとはやさしさと云う謙譲の教え

成功する為には幸運と根気と粘り強さ「運・根・鈍」の三つが必要だと言われています。

鈍＝（1）刃物の切れ味がわるい。〔鈍器、鈍刀〕
（2）知能が劣る。〔鈍感、鈍根、鈍才、鈍重、鈍物、愚鈍、魯鈍〕
（3）とがってない。〔鈍角〕
（4）色彩について鮮やかでない。
（5）頭の働きや動作などののろいこと。

松村明著『大辞林』（三省堂）より

常識で考えるなら鈍才よりも鋭才の方が良いに決まっていますが、人間大成するには鈍だと昔から言われているのは何故でしょう。それには鋭才が持つ欠点を知らなければなりません。

鋭い刃物は確かによく切れますが、言い換えると他人を傷つける事でもあるのです。廻り廻って知らない内に自分自身をも傷つけている場合があるのです。

「両刃の剣」と昔からよく言われる所以《ゆえん》です。

世の中の大多数の人は凡才なのです。賢い人と思われるだけで一歩隔たりが出来てしまいますし、嫉妬やそれだけで敵を作ってしまう場合がある程です。

それではどうすればいいのか教えたのが「鈍」という言葉なのです。

人間賢いと言っても神様から見れば砂浜の砂の一粒にも劣るという事を自覚しなければなりません。本当に賢い人なら人間の限界などたかが知れている事をよく知っているものです。

「鈍」とは「バカ」になりなさいという謙譲の教えなのです。

「バカ」になると言ってもそう簡単に「バカ」になれるわけではありません。

人に良く思われたいと思う自己顕示欲、名声・名誉、出世などからいったん無縁の存在に自分を置かなければなりません。

本当の力を蓄える事に専念する為に、外界の惑わしい雑念から自分を開放する手段でもあるのです。

「賢ぶる」「偉ぶる」など愚かな事です。急ぎ過ぎたり、少しばかりの知恵や知識を鼻にかける事を厳に戒めているのです。

「バカ」にも色々あって画家の山下清さんに言わせると、一番偉い「バカ」は大将の位を持っているそうです。

ですからニセ物でない本物の「バカ」になるのは修行を積まなければなりません。世の中の為になるどころか、邪魔にならないように生きさせてもらう。こんな考えが正しいのです。

本来「実力」とは「内なる力」なのですから、自分から売り込んだり、他人にお見せするシロモノではないのです。

「自信」とは自らを信用する事なのですから、本当に「自信」のある人は他人の評価を気にする必要がありません。

何の飾り気もなく時代に振り廻される事なく「人生」とは、「幸福」とは、と「バカ」は純粋に考え続けます。

「バカ」になるという事は、やさしさなのです。他人がダマしに来ても相手に分からないようにダマされてあげる。「バカ」だからこそ出来る思いやりなのです。

以上で「バカ」になる事は本当に大変だなぁとお気付きいただけたと思います。

「バカ」になる事は本当に並大抵ではありません。覚悟を決めて「バカ」になる為の勉強をして頂きたいと思います。

■（9）チョイス「選択」

●人生は選択の連続

よく考えてみると、人生はチョイスの連続であると言っても差し支えがない程、社会生活において常に選択を迫られるといえるのではないでしょうか。人間は生まれる前、精子と卵子の受胎のメカニズムによって男か女かに産み分けられます。

出生時から神によるチョイス（選択）が始まっているのです。どの国の、どの村の、どの家庭に人間は生まれ落ちるのでしょう。人間の英知の計り知れないところでの輪廻の法則があるのです。どの学校に通い、どの友達を選び、どの恋人を選び、どの仕事を選ぶのでしょう。買い物をする時も、旅行をする時も、話をする時もどの言葉が適切なのか、どの道を帰るのか、どの本を読み、どの異性と一生を共にするのでしょう。

小さな選択からそれこそ一生を左右する選択まで、人生は選択の連続であると思うのです。小さな選択は大きな選択への準備体操のようなものです。

チョイスする時の基本は、最初はできるだけ多くのものから選ぶという事が大切です。それから選ぶ目的や条件をはっきり持つという事も大切です。

服を選ぶなら普段着なのかパーティ用なのか、といったふうに価格も重要な条件になるでしょう。始めランダムに選んだものをできるだけ目的や諸条件を考えながら数を絞っていくのです。そして最後の手段は、実際にそれらのものを試してみる、服なら試着をしてみる事です。

さらに重要な事は、最後の決断までにもう一度再考する時間の期間を取る、これを「間を取る」と言い、慎重に事を運ぶ基本です。そして今度は一〇年後、二〇年後はどうなるのだろうと想像してみるのです。勿論何をチョイスするかで考えなければならない期間は様々です。

例えば、服を選ぶなら五～一〇年位でしょうか、家を建てるなら四〇年～五〇年でしょうか、結婚を思えば一生でしょうか、要はできるだけ長い目で考える癖を身に付ける事だと思います。

また、ある瞬間に決断をしなければならない選択もあります。

プロ野球の打者は時速百何十キロで飛んで来る小さなボールを、カーブかシュートかフォークか、そしてコースはと、ほんの瞬間に打つべきか打たざるべきか決断しなければならない厳しいチョイス（選択）であるといえます。

友人を選ぶ事は人生の相談相手でもあり、人生を豊かにもしてくれる重要な要素です。

就職の時どういった会社を選ぶのでしょうか。

給料の多い会社でしょうか、好きな仕事をさせてくれる会社でしょうか、組織の為には平気で個人の気持ちを殺してしまう会社が多い事を知っていますか。

プロの職人と呼ばれる人は、材料を見る目も道具を選ぶ時も真剣そのものです。「ブルーワーカー」と言って、最近では肉体を使って働く職種を軽視する風潮にありますが、本当に「モノ」を作る喜びは人間の崇高な営みであると思います。

どんな業種業態であっても、自分の仕事に誇りを持って材料は、道具は、と本物の仕事を心懸けて欲しいと思います。

アメリカ映画で感心した事があります。ゴミを回収する人を他の職業と同じく認知し、彼等もまた誇りを持って仕事をしている事です。

日本でも新聞で読んだのですが、ゴミの回収をする人が「あのレストランへは絶対行かない、なぜならゴミの捨て方に思いやりがないから。そんな店の料理に思いやりがあるはずがない」と書いておられましたが、その通りだと思います。

職業に差別をする事は、私が最も嫌悪する事の一つです。

少し話は横道にそれましたが、ただ偶然に出会って気に入ったから選んだというのではなく、数多くの経過を経て色々な条件を考えて決定するという事がチョイスの基本であるのです。

後悔が少ないように慎重に色々な経過を踏んだ後、偶然にそのものと出逢ったというの

はいいのです。何を選ぶかによってその経過は色々異なりますが、人生における重要の比重が高ければ高い程基本の過程を確実に踏む事が大切です。

後悔のない人生などあり得ませんが、できるだけ後悔しないように心がける事が大切だと思います。私も多分何十年先かでこの本を読み返す時、きっと恥ずかしくて顔が赤くなると思いますが。

一人でマラソンをしてはたしてよい結果が出るでしょうか。心臓が躍り今にも死にそうな思いをしたのに、記録としては大した事はないというふうになると思います。やはり大勢の人がいて、その中で競い合って始めて立派な記録が残せると私は思います。

(10) 競い合う

●無限に伸びて行く可能性

文明の発達もこの競い合うという根本原理があって発達してきたのです。

環境が厳しい国程強くなるという法則は別に国だけに限った事ではありません。一年中常夏の国で必死に働かなくても、果物や自然の食べ物が豊富だという事になれば、人間は本当に一生懸命向上心を持ったり、発明発見をしたりという文明に貢献するような仕事をするでしょうか。多分しないと思います。

環境がよいという事は、仕事や能力という事から考えればよい環境ではないのです。

地球儀で日本を探せば、本当に小さな国土に驚かされます。資源もなく殆んどが山に覆われ、そこに一億二千万人の人間がひしめいているのです。

ウサギ小屋と呼ばれる所に私達は住んで、ＧＤＰ世界有数の経済大国という地位を手に入れたのです。勿論、国土が狭くて人間が多ければ経済大国になれるかといえば、そうで

はなく国民の資質というのも大切な要素だと思います。

野球にしてもそうです。激しいポジション争いをする事を鉄則にしているチームは強いものです。

競い合うというのは、人間はもともと怠けものだという事をよく知っているのです。少しでも楽が出来ると思えば、すぐそっちの方に行ってしまう性格をとじ込める方法なのです。個人にしてもそうです。いい意味のライバルがあるとお互いに競い合い、気が付くと二人共トップクラスになっていた、という事になるのです。

もし、競い合うライバルがいない場合は、無理にでもライバルを作る事が必要です。電機業界にしても、自動車業界にしても本当によいライバルを持った業界は幸せです。競い合うという根本原理がなかったら、今日の日本もなかったと思います。

本当は競争などないのんびりとした生活が理想なのかも知れませんが、いざそうなってみるとどちらが幸福であるか分からないものです。**何故競い合う事が必要なのかといえば、人間が極限にまで努力をするためには、自分の努力だけでは限りがあるという事です。競い合う事によって無限に伸びて行く可能性を持っているのです。**

もうここまで来れば大丈夫だと思って横を見れば、ライバルも追いついて来ているとなれば、油断はできません。また気を取り直して頑張るという事になるのです。

「競い合う」とは、人間の弱さを克服し人間の闘争心を刺激し合う事なのです。

(11) 冒険

●冒険の無い人生等 面白くもなんともない

「人生が冒険でないなら、どうして生きるに値しようか」
ヘレン・ケラー　アメリカの教育者（作家）

私は、人生で一番大切なものは勇気だと思っています。なぜなら人生とは冒険の連続だからです。

そして、人生という冒険には、この勇気がなければ立ち向かっていけないからです。

勇気にも様々な種類があって、好きな人に告白する勇気もあれば、受験、旅行、就職など人生の岐路で選択を迫られた時、その人の勇気が試されます。

なんの起伏もない平凡な人生も人生なら、起伏の激しい波乱万丈の人生も人生。ならば波乱万丈の人生の方がはるかに面白いではありませんか。

一か八かで勝負に出る。負けたところで所詮人間の一生は八〇年余り、アッという間の人生だ。そう覚悟を決めて、日本という国で、いや世界を舞台に思う存分駆け廻ってみる。というのはどうでしょうか。

滅茶苦茶「勇気」がいるのは分かっています。守りたい者や失くしたくない物、色々なしがらみが人間には山ほどあります。それら全てを捨てて大海に飛び出す。冒険とは人間の最大の勇気が試されるものなのです。

冒険をして失敗することはありません。成功しても失敗しても、そこには人生豊かな思い出が残るだけなのです。一生悔いることのない残像が、死ぬまで貴方を輝かせてくれることでしょう。

人生という冒険に使った勇気の代価はいつでも支払われるのです。

■（12）礼節

●礼に始まり 礼に終わる

日本の武道をみるとき、剣道、柔道、相撲と最初は「礼儀作法」を厳しく教えます。野球にしても、まず挨拶から始まります。

なぜなら、それが人間にとっての基本だからです。

しかし、一般社会ではそういったことが余りに少ないように思います。ですから厳しく「礼儀作法」を身につけた人は、社会人として好ましく思われるでしょう。

世界の人の目からみても礼儀正しい人は好ましく、実直な人、真面目な人に映るだろうと思います。

また、「勤勉実直」という日本人のイメージは、世界で定着しているのではないでしょうか。その基本はやはり「礼儀作法」にあると思います。

「驕らず、比べず、競わず」

は、故：樹木希林さんの言葉ですが、礼節の「心」でもありますので、よくかみしめて頂きたいと思います。

以前ある雑誌に、福岡にある企業の若い経営者の感動秘話として、以下のような内容の記事が掲載されていました。


福岡のホテルでアルバイトをしていたとき、そのホテルのロビーで、俳優の高倉健さんが、一介のアルバイトの私に、直立不動の姿勢で挨拶されました。

トップクラスの俳優としてすでに認知されている高倉健さんが、「高倉健です。どうぞよろしくお願い致します」と深々と頭をさげられました。私は「ドン」と雷が落ちたような衝撃をうけ、生涯忘れえぬ記憶を脳裏に焼き付けられたのです。

高倉健さんの一番素晴らしいところは、どんな人に対しても、横柄になったり、また卑屈になったりしなかったところだそうです。

どんな偉い人であっても、その態度は私たちに対するそれと少しも変わらなかったのです。そしてその作法は、彼を識《し》るすべての人に深い感銘を与え続けたそうです。

私が、高倉健さんの素顔を知るようになったのは、彼が亡くなってからですが、健さんは、生前私生活に触れられることを極端に嫌っていて、神秘のベールに包まれていたからで、彼が亡くなって、今まで語られなかった私生活のことが、少しずつもらされるようになったからです。


この記事のように、高倉健さんの死後、週刊誌や雑誌などで、封印が解かれたように彼の私生活や様々な情報が聞こえてくるようになりました。

私は、敬愛する高倉健さんから、自分に一番欠けているもの、すなわち**「礼儀作法」**を教えられたのです。そして、それは人間形成にとって極めて重要な要素であることを思い知らされたのです。

二、教育

■（13）自立
●自分の事は自分で出来る●経済的にも自活している●少々の困難は自分で切り抜ける

「人には持って生まれた器量がある。器《うつわ》がある」

野生の動物を見ていると、鹿等は生まれてすぐ立ち上がり、しばらくすると走り出します。多少の差はあるにしても、野生の動物は生まれて自分で生きて行けるようになるまでの時間が人間に比べるとずっと短いようです。

動物の場合は生まれてすぐ走れなければ他の動物に食べられてしまい、絶滅する恐れがあるからでしょう。

自然の法則は厳しく、情容赦がないように見えます。

しかし地球というスケールで考えると、バランスが取れているから不思議です。

人間の場合は自立をするまでに余りに長い時間が必要なのは、きっと何か特別な理由があると思います。それは人間が地球を支配する事を前提にして、頭脳が成熟する期間を必要としたのでしょう。

しかし、人間にも色々あって見かけは大人に見えるのですが自分一人では何も出来ない、他人に迷惑をかける、借金だらけだといった人は身の周りには沢山います。

肉体的には大人でも精神的にはまだ子供の人が多いのです。

「自立」というのは、他人や親の力を借りないで早く自分一人の力で立ちなさいと諭しています。

「自立」の条件は、

(1) 自分自身の事は自分で出来る。(最小限の生活や身の丈に合った生活)
(2) 少々の困難に出遭っても、自分で切り抜ける事が出来る。
(3) 借金をしない、貯金を持っている、経済的に自活している。

以上の三つの条件が最低限満たされていないと一人前の自立した人間であるとは言えません。

自立した人間でもないのに人に頼まれてお金を貸して、自分自身が借金取りに追われているといった漫才のような話が世間にはザラにあります。

人間を見る目も持っていないのです。

人を助ける前に、一体自分は人を助けるような自立した人間であるかどうかを考えて、一日も早く「自立」していただきたいと思います。

十八歳を過ぎたら自分はもう大人(成人)なんだと間違っても思わないでいただきたいと思います。

■ (14) 怒ると叱る

●怒るという事は感情をぶつける事　叱る事は相手の為を思う善意の行為
叱る時は雷が落ちるように叱る

人を教えるという事は実に難しい事だと思います。

よく街で「親に恥をかかせて」等と子供を怒っているのをよく見かけます。最近では子供を街中で怒るという事も少なく、大変良い事だと思います。

しかし「親に恥をかかせて」等と怒っても何にもなりません。親、即ち自分に不利益だから怒ったのでは少しも子供の為にならないからです。

怒ると叱るとでは大違いだからです。

怒るというのは自分が不快だから、不利益をこうむったから腹いせに感情をぶつけたのに過ぎないからです。

他方、**叱るというのは相手の為を思い、将来を考え、正してあげようとする善意の行為なのです**。いつも他人に八つ当りをする様に怒っている人には、結局誰もついていかないでしょう。

叱るという事はかくも難しいのです。だからといって叱らないで済むかといえば、そうもいきません。**要はあの人ならどこまでもついていけると思われる様な人**は、やはり厳しく叱ってくれる人ではないでしょうか。

厳しい方が自分の為になる事を知っているからです。

叱る時に注意しなければならないのが、人前で注意した方が効果のある人と、誰もいない所で注意しないと落ち込んでしまうタイプがある事に留意しなければなりません。

勿論、注意する事柄によって、その叱り方も随分と違って当り前だという事です。

やはり当り前の事ですが、叱って注意して良くなってもらう事を基本にしなければなりません。**叱る時は本当に真摯《しんし》な気持ちで叱る、実はそれが一番大切な基本です。**

また、子供だから解らないだろうと気を抜いたり、中途半端に怒るのは大間違いです。**子供は直観的に何でも大人以上に理解しているものです。**

「怒ると叱る」というのは、相手がどうすれば成長するのか、どう教えればよいのか、愛情を込めて諭す事の大切さを教えると同時に、叱る人がまず教え方がまずかったのではないか、大事なポイントを教えてあげたのか、自分自身の反省が本当は一番大切なのではないでしょうか。

■(15) 教育

●本当の教育は胎児の時から始まる

昔、ソニーの名誉会長 井深大さんが、教育という事で語っておられた、ある新聞記事より

「色々やっているうちに本当に必要なのは知的教育よりまず、人間づくり、心の教育だと気付いた。学校では落ちこぼれ、暴力、虐《いじ》めが頻発している。心を育てるには学校教育だけでなく、母親の役割りが何よりも大切であり、子供の方も幼稚園どころか0歳児や胎児期から育てなければならないという考え方に変わってきた。私は今、妊娠した時からの母親の心構えがその子の一生を決定すると確信している。母親の愛情によって育《はぐく》まれる赤ちゃんの温かい心づくりと、生まれた時からの体づくりが何よりも重要で、知的教育は言葉が分かる様になってからゆっくりでよいという結論になった。言葉を覚える前に教育するというと不思議に思われるかも知れないが、五感運動や芸術の能力、信仰心、直感力等は限りなく〇《ゼロ》歳に近い段階から養われる…」

人を教える事は自ら学ぶ事でもあります。それ程人を教える事は難しい事なのです。

す。

昔から名選手は名監督とは限らないというではありませんか。

自分が出来る事を他の人にやってもらうには、倍の時間と倍の能力と愛情が必要なのです。

昔は人に自分の仕事を教えるには、長い時間が必要だと思われていました。現在はできるだけ早くいかに仕事の要点をその人に教えるかが重要なポイントです。

自分が一〇年で憶えた事を他の人に六ヵ月から一年位で憶えてもらう、そういった考えが一番必要だと思います。

そのためにも標準化・マニュアル化が大切なのです。

他の人に自分のノウハウを教えるという事は、自分の手持ちが無くなる事でもあり、自分は新たに勉強しなければならないという理屈になるのです。

教育の仕方にも色々ありますが、大別すると二つあります。

（1）教科書の徹底。（知識）

これは、まずマニュアルを作る事から始まります。

人に教えるには現場での心得をできるだけマニュアルに表現しなければなりません。勿論マニュアルは徹底してきめ細かく、細部にわたり誤解の生まれる余地のない位に念入りで詳細でなければなりません。

これからは人の上に立つ重要な資格にマニュアルを作る文章力がどうしても重要になってきます。

言葉は消えてしまい後には残りませんが、文章は残り別の人に引き継ぐ事が可能です。

これからの時代はマニュアル化だという事に早く気付き、勉強してもらいたいと思います。

(2)現場で体験する。(知恵)
現場での体験は、身体で憶えるという事でもあります。

教科書に書かれている事を実際に試してみるのです。

外国では学校の教育課程の中に農業を必須科目として入れている所もある程です。

知識を使って実際に役立てるという事が大切なのです。

机上で考えた事なので実際には役に立たないというのではマニュアルではありません。**全てが現場に即して考えられ、全てが役に立つというのがマニュアルなのです。**

だから、そのマニュアルを徹底して現場で実践するという姿勢が大切です。

間違った所があれば修正して、より完全なものにしていけばよいのです。

人を教える中に重課主義というのがあります。

新入社員や若い人にはできるだけ責任のない簡単な仕事をついしてもらいがちですが、勿論そうした仕事も大切なのですが、**この人ならと思ったらどんどん重要な仕事をやってもらおうという考え方が必要ではないでしょうか。**

そして先輩の人達は、適切なアドバイスを与えるという立場になり、**もう一つ重大な仕事に挑戦していく。それが重課主義の狙いとするところです。**

■

(16) 一芸に秀でる

●好きこそものの上手なりけり

ノーベル賞を受賞した湯川秀樹さんは、学生の頃学業が思わしくないので、父親は進学を断念させようと決心したそうですが、担任の教師に「あの子は数学が非常に出来るので、是非進学させてあげて欲しい」と要望されたそうです。そして日本で初めてのノーベル物理学賞に輝く学者が誕生したのです。

「一芸に秀でる」というのは、全てに良い成績を残すのではなく、どんな子供にも、人にも何か得意な分野があり、それを見つけ出し伸ばしてあげる事が、ひいては世の中の為になると教えているのです。

全ての分野で素晴らしい才能を発揮するという事は理想的な事ですが、現実的には不可能な事だと思います。

稀に一つの分野に限らず幾つもの分野で才能を発揮する人がいますが、これも稀有な事であります。それどころか一つの分野において頭角を現す事も容易な事ではありません。

ある分野において頭角を現すという事は、世の中の為になり、差別化と独創技術がその中に当然含まれているという事です。

「一芸に秀でる」という事は、例えば子供の通知簿（成績表）を見る時、平均的に良く出来るという事や、何が駄目なのかを見るのではなく、何が一番好きで、得意であり興味があるのかを捜し出す事なのです。そして、その得意な学科を意識して伸ばしてあげるという事が大切なのです。

この分野においては絶対誰にも負けない、そんな強力な武器を持つという事は、いつの時代にあっても重要な事であると言えます。

一芸に秀でる事は必ずしも賢人である必要はありません。愚鈍であってもたゆまぬ努力をする人に、勝利の女神は微笑むのです。賢人の欠点は驕《おご》りや油断が常にあるのです。

「愚直の一念」という言葉がありますが、昔話に兎と亀が競争をして、速いはずの兎が怠けている間に、足の遅い亀が勝つという亀の愚直の一念は、一芸に秀でる基本でもあるのです。

およそ物事を成し遂げるのに一番必要な事は、頭脳や才能ではなく、ただ一筋にそれを成し遂げようとする凄まじい執念の強さにあるのです。

■（17）知識と知恵

●知識には体験や実験・臨機応変という肥やしが必要

> 「知識はすぐに得られるが、知恵を身につけるには時間がかかるものだ」
> アルフレッド・テニスン　イギリスの詩人

何でも良く知っているからといって人の役に立つとは限りません。役に立たないから知識が要らないなどと、愚かしい事を言うつもりもありません。

知識を、役立てるにはどう使いこなすかが知恵だと思います。簡単に言うと、ＩＴ（information　technology）のハードとソフトの関係によく似ています。どちらも必要な物で、どちらか片方という事になればその効果は半減してしまいます。

現在の教育制度にも問題があると思います。どちらかと言えば、知識万能で知恵を伸ばすという事にはあまり関心がないようです。

例えば英語です。最近有名大学を卒業した学生と話をした事がありますが、全然英会話が出来ないのです。中学校、高校とおまけに大学まで卒業しながら英会話が出来ないというのです。

ちょっと常識では考えられない時代錯誤が長い間通用しているのです。これ程何もかも国際化し、世界の国々に日本人が溢れているのに、未だに文法中心主義なのです。早く大学受験が英会話中心になる事を願うばかりです。誰か文部科学省を裁判に訴える人がいないものでしょうか。それ程英会話が重要な時代がやって来たのです。

ちょっと横道にそれてしまいましたが、これからは益々ソフト（知恵・考え方・応用技術）が重要になってくる事は、誰もが知っていると思います。

また、知恵には色々な経験や苦労、そして人間に対する深い愛情と優しさが根本になくてはなりません。言い換えれば知恵は、体験や経験を臨機応変に使いこなして初めて身に付くものなのです。

新聞や雑誌・ＴＶ・映画・音楽、出来るだけ多くの情報源から情報と知識を得、それをどうすれば人の役に立てるように組み立て直す事が出来るか、極限までに頭を働かせる事を「知識と知恵」という言葉に表現したのです。

■

(18) 本を読む

●あなたは自分の側から離す事のできない人生の道しるべとなる蔵書を幾冊お持ちですか

「二度読みたいと思う本には神が宿る」

古代ギリシャの壁に「近頃の若い者は…」と書かれてあったそうです。科学や文明がいくら発達しても人間そのものが変わってしまったわけではありません。反対に科学や文明が発達すればする程人間らしさや古い物や自然を大切にしようという思いがますます強くなるものです。

人間は本質的には昔から変わっていないのではないでしょうか。繰り返し、繰り返し同じ過ちを犯し、同じ悩みを繰り返しているのではないでしょうか。

「源氏物語」や「枕草子」等を読んでも少しも本質的に人間は変わっていない事に気付いて驚くに違いがありません。**だからこそ本を読んで人間の本質を学び、少しでも過ちを少なくする勉強を本から学び取らなければなりません。**

本を読まずして知的進歩がないと断言しても間違いではないのです。それ程本は重要な役割を担っており、本を読む事が苦痛であってはなりません。継続して読み続ける事が大切だからです。

自分のスタンス（歩幅）に合った所から出発し、決して無理をして難解な本に挑んだりしてはいけません。本を読む「コツ」は「面白い」という要素が一番大切な事です。最初から高望みをし解からない、面白くないということになれば本アレルギーになってしまい読む事が苦痛になり長続きしません。**自分の本当に興味のあるものから入り、長い間に鍛錬され長編・高度なものも読めるようになるのです。**

本を読むといってもテニスや野球などのスポーツと同じく基本があり、熟練度が必要なのです。「やさしい事から始めなければなりません」高い山に登ろうと思えばやはり裾野から始めるのとよく似ています。

大切な事は、**一生涯人間は勉強しなければならないのですから「無駄な本」は無いと考え、自分にとって「面白い本」を探し続けて頂きたいと思います。**

決して人に発表したり知って貰おう等と考えないで、内なる力を養って頂きたいと思います。「面白い」と感じたら知らず知らずの間に身に付いているものですから。

自分一人の人生等、たかが知れたものです。**本を読む事によって他の人の人生を何度でも味わう事が出来ます。自分の知らない事を本当に本は多く教えてくれます。そういった意味で本は人生を深くする優れた教科書だと思います。**

困難や苦境・不幸に打ちひしがれている時、本はかけがえのない友として勇気づけ方向

を示してくれるでしょう。自分の仕事の事しか知らないというのでは、人の上に立って指導する資格も人望もありません。

人間は仕事のみで生きているわけではないのですから、もっともっと大きな視野に立った考え方の出来る人間に、奥の深いいたわりや、優しさのある人間に、本はそうした要求に応えてくれるでしょう。

自分の考えや人生を本に書くとしたら、一体何ページ書けるでしょう。きっと何ページも書けないと思います。最後まで飽きさせずに読ませてくれる本に出会ったら何と幸福ではないでしょうか。

本は時代や国境を超えて偉人といわれた人、有能であった人、優れた人の話、悲しい話、いつの時代も変わらぬ恋愛の話等を我々に教えてくれます。時間を越えて在る数々の本を味わえるという幸福を放棄するという手はありません。何度読んでも飽きることのない自分の蔵書は本当に宝物だと言えましょう。

どんな時代になろうとも本を尊び、本を読み、本から学ぶ。そして本への憧憬《どうけい》を深めることで人生そのものを深くしていくのだと思います。

眠れぬ夜に魂を揺さぶる感動の涙を、人は決して忘れてはなりません。あなたは、自分の側から離す事のできない「人生の道しるべ」となる蔵書を幾冊お持ちでしょうか。

■(19) やさしさ

●優しくなければ生きていく資格はない

私の身近な女性にどんな人と結婚したいですか、と尋ねると「やさしい人」という答が一番多く返ってきます。

「やさしい人」というのはどんな人の事かと考えてみますと、親切な人、細かい心配りの出来る人、服装のセンスが良い、言葉が丁寧で甘いムードがある等が大体の意見だと思いますが間違っていたらごめんなさい。

別に私は文句を言っているわけではありませんが、実はこの「やさしい人」というのが気にいらないのです。**本当に「やさしい」という事は「最も厳しい」事だからです。なぜなら、子供の将来を本当に心配する親は、よしよしと言って子供を甘やかしたり、欲しい物を何でも買ってあげるという事を絶対にしないからです。**

反対に将来の事を考え、どんな困難に出遭っても負けないようにとできるだけ厳しく教育しようとするのが親の愛であり「やさしさ」ではないでしょうか。

表面的に「やさしい人」は実は少しもやさしいのではなく反対に危険なのです。

本当は女性陣の目というのは案外鋭くて、私の言いたい表面的に「やさしい」のか、真に「やさしい」のかを見透かしているのかも知れませんが……

私が人間を評価するとき（一）嘘をつかない、（二）約束を守る、（三）職業や地位（人間）の差別をしない、（四）誠実である、ですが本当に「やさしい人」の基本的な条件もこの四つだと思うのですがどうでしょう。

友人を選ぶ場合私はこの四つの事に（五）仕事が出来る、（六）あつさ（感動する心）を持っている、（七）意志が強いという三つの条件を足しますが、満たされれば最高ですがそんな人はめったにいないのが現実です。まあ言うだけは言わせてください。ルックスが良い、身長が高い、などは女性が最も好むタイプのようですが、そんな見かけだけの判断で一生を台無しにしないようにして頂きたいと思います。

この項は、実は私の娘や孫に「これだけは言っておきたい」という項なのですが、人間を評価する基準でもあるので許して頂きたいと思います。

「やさしさ」というのは人間の最も大切な条件だと思うのですが、しかし「やさしさ」という事が表面的な軟弱な部分でとらえられる事がないように、本当はもっと深い意味を持っている事を知ってもらいたかったのです。

「タフでなければ生きていけない。
優しくなければ生きる資格がない」
レイモンド・チャンドラー『長いお別れ』（早川書房）より

■（20）欠点に魅力有り

●欠点のない者には取り得もないのだ

「小善は大悪に似たり、大善は非情に似たり」
小さい善い事は本当は人の為にならない事が多い。
反対に本当にすばらしい事は多くの人の目にはあまり良く思われない。（仏教の教え）

世の中には無駄な物・人はないという考えを進めていけば、個人の中の欠点にも実は無駄がないと考える事ができるのです。

「そんなバカな」と思われるかも知れませんが本当なのです。作家の伊藤肇さんの本に「欠点に魅力有り」と書かれてあります。

例えば、昭和四十七年（一九七二）～四十九年（一九七四）まで内閣総理大臣を務めた政治家の田中角栄さんが政界を引退されるまで、田中角栄さん程マスコミに取り上げられ、本や雑誌に載った人も希ではないでしょうか。

私も庶民感覚の田中角栄さんは大好きでした。

何故彼だけがそんなに人気があったのでしょう。それは色々な功罪はあったにせよ、**彼には魅力があったのだと思います。そしてその魅力は多分に彼の欠点の部分が多いように思います。**

勿論、実力や彼の持つ人柄も大きい事は事実ですが、結局病気の為に政界を去る身になられました。

100％完璧な優等生等面白くも何ともありません。なんの混じりけもない蒸溜水がひとつも美味しくないのと同じです。

子供にしてもそうです。礼儀正しく、品行方正だと何の魅力も感じません。反対に悪さばかりする子供にはうんざりですが、何かバイタリティを感じるではありませんか。

生き馬の目を抜くような現実の社会にあっては、少々の悪さがないと生き抜いて行けないのが現実だからです。

どんな綺麗事を並べても世間はその事を知っているのです。

「欠点に魅力有り」というのは、欠点といえどもその使い方、コントロールの仕方によっては長所以上の力を発揮する事を教えています。

要は長所も短所もその使い方、考え方次第で良くもなれば悪くもなるのです。

■（21）恩を知る

●たとえ小さな何気ない親切にも気付く繊細な神経と一度受けた恩は決して忘れないそんな人間でありたい

「糟糠《そうこう》の妻《つま》は堂《どう》より下《くだ》さず」
霞《かすみ》や糠《ぬか》を食べて苦労を共にした女房は、偉くなって金が貯まっても棄てたり、粗末に扱ってはならない。

わずか数十年前、日本は戦争に敗れ誰しも貧困に喘《あえ》ぎ、食べる物がなく家族を養うため、あるいは生きる為に必死になって昼も夜も働き続けました。

今日のような繁栄した日本を誰が想像し得たでしょう。

人間は社会のあらゆる恩恵を受けて生きています。例えばゴミの清掃・道路・学校・あらゆる交通機関・電気・ガス・電器製品・通信機器・映画等々数え上げれば無限にあると思います。

よく「誰の世話にもならない」とか「人に迷惑をかけない」という事を平気で口にする人がいますがとんでもない話です。人は一日たりとも社会や他人の恩恵を受けずに生きて行く事は出来ません。人間は知らず知らずの間に計り知れない程多くの人の遺産を受け継いでいるのです。

何か古臭い考えのようですが、その事に気付くか気付かないかで「感謝」の気持ち、「幸福」の尺度が随分と違ってくるのではないでしょうか。

人間は生まれてすぐに動物の様に一人で歩き出すわけにはいきません。一人前の仕事をして一人前の給料を貰うまで随分多くの人の世話と長い年月が必要なのです。

親から授かる恩は一番大きなものですが、これさえも忘れてしまう人がいるようです。死んでしまってから後悔しても後の祭りです。親は死んでから拝むより生きている内に拝む方がずっと合理的です。「孝行したい時に親はなし」本当に身にしみる言葉です。

「恩を知る」というのは、たとえ小さななにげない親切にも気付く繊細な神経と、一度受けた恩は決して忘れない、そんな人間でありたいと思う気持ちを込めたものなのです。

まして仕事をしたり、商売をするという事になれば上司の人、得意先さん、協力会社の人達、本当に多くの人々に支えられて初めて可能なのです。決して自分一人の力で今日在るなどと考えてはなりません。

恩は売るものではなく、返すものです。

■（22）人の為に

●天が私を生んでくれたのは必ず世の中の何らかの役に立つ為である

「陰徳あれば必ず陽報あり」

中国、前漢時代の哲学書『淮南子』より

※人知れずよいことを行う者には、必ず目に見えてよいことが返ってくる。

人は何の為に生きるのでしょう。

勿論、様々な人生があり、様々な答えがあるでしょう。そして、成功した多くの人は「社会」に対し「感謝」の心を述べられます。

「恩を知る」の頁でも述べましたが、人は知らず知らずの間に様々な人から多くの恩恵を受けています。

その恩を返さずして何の為の人生でしょう。それは金銭の大小ではなく、精神的なことを言っているのです。

「情けは人の為ならず」たった一つのおにぎりでもいい、困っている人に差し上げる。

その精神が自分自身を救ってくれる宝物なのです。

人は本当に恩を知れば自然に感謝の心を持つものです。それは、人に対してだけでなく、自然や環境、身の周りのあらゆる物に頭が下がるものです。

私は、「人は何の為に生きるのか」と問われれば、躊躇なくそれは「人の為に生きる」と、そして「その為に生まれて来たのだ」と、やっとこの歳になって答えることが出来るようになりました。

食べる事さえ困難な貧窮の人が、旅の僧に一椀の食事を捨《しゃ》する。それはその一食を差し上げたのではなく、命を差し上げたに等しい行為ですが、そこに人間の最も人間らしい行為があるのだと私は思います。

自分の身を削らずして何の為の人生でしょう。差し上げたその気持ちが、いつかブーメランのように自分に還ってくるのです。

※捨（しゃ）＝社寺や僧に寄進すること

「天（母）が私を生んでくれたのは、
必ず世の中の何らかの役に立つ為である」
李白　中国の詩人

■（23）徳孤ならず

●失われるものを「富」と呼んではならない「徳」こそ本当の我々の財産でそれを所有する人の本当のご褒美なのである

「徳は孤ならず必ず隣あり」

※徳のある者は孤立することがなく、理解し助力する人が必ず現れる。

『論語』より

不思議なことですが、人には持って生まれた器があります。それを器量と呼び、「徳」の存するところであります。

「徳孤ならず」いい言葉だと思いませんか。

たとえ自分が貧しくても困った人を助ける気持ちと勇気を持ち続けたいものです。

お金があって貧しい人を助けるのも「大切な徳」ですが、お金が無くても人の為に何かしてあげたいと思う心は、もっと「大事な徳」を積む行為だと思います。

孟子・孔子が説いた「五常の徳」をご存じですか。

仁（思いやり）、義（正義）、礼（秩序）、智（知恵）、信（言行一致）です。

何気なく人に知れることなくこうした「徳」や「慈善」を行うことは、この世で最も崇高

な行為の一つであるといえるでしょう。

そして、もしこのような人が世の中にたくさんいるとしたら、この世の中はきっと希望に満ち溢れたものになるでしょう。

この頁はあまり説明をしたくありません。この本を読んだ人が自分で考え、思いを巡らせてほしいのです。

不幸に出遭ったとき、もっと不幸な人に手を差し伸べることが出来るか。病気を経験して初めて病の苦しさを、身をもって知ることができます。自分よりはるかに重い病気の人がいることを忘れてはなりません。

失われるものを「富」と呼んではならない「徳」こそ本当の我々の財産でそれを所有する人の本当のご褒美なのである
　レオナルド・ダ・ヴィンチ　現イタリアの芸術家

■（24）包容力

●相手を大きな愛情で包み込む寛容の精神

《ある新聞のコラムに掲載されていたものの記憶です》

昔、ある村の農家の娘さんが妊娠しているのを父親が気付き、相手は誰かと厳しく追及しました。

娘さんは苦しまぎれに、「この村のお寺の住職である沢庵和尚さんです」と白状したのです。

沢庵和尚といえば偉い坊さんだという事で、村の人から大変尊敬されていた人なので、両親は驚き、父親が半信半疑で和尚の所へ行き問いただしましたら、和尚は少し考えて、うなずいたからさぁ大変です。

噂は小さい村を突風の如く吹き抜けました。そして、やがて生まれて来た可愛い赤ん坊は和尚の元に強引に預けられたのです。

赤ん坊にお乳をやろうとしても、この破廉恥騒ぎで村の人は和尚を軽蔑するようになり、誰も協力しようとはしません。それればかりか和尚が仕方なく赤ん坊を背負って隣村へお乳を貰いに行こうとする背中へ石つぶてを投げる始末です。額から血を流しながら和尚はそれでも毎日黙々とお乳を貰いに隣村へ通いました。

歳月が流れ、ある時赤ん坊の母親が自分の父に、「この子の本当の父親は実は和尚さんではなく別の人です」と、泣きながら告白したのです。どうしても本当の父親の名前が言えない事情があったのです。

両親と娘さんが赤ん坊を引き取りに和尚の所へ謝りに行きますと、和尚は唯、「よかった、よかった」と言いながら赤ん坊を娘さんに返しました。

《そしてその後の話として――》

和尚はそんな世間の事には一切無頓着で、いつものように日がな酒を飲んで寝そべって日々を送り、村入が何か相談に来ると決まって、「焦るな、焦るな、人間は三づくし。三年待って駄目なら六年、六年で駄目なら九年待ちなさい。人間どちらに転んでも五十歩百歩」と寝転びながら答えたそうです。

そしてある時、大きなあくびをしながら、「もう飽きた」と言って大往生をとげました。

言い訳一つせずに娘さんの気持ちを汲んだ沢庵和尚は、お釈迦様の様に大きな包容力を持った人間です。物語の真意はともかくとして後日談は、山本周五郎著『百足ちがい』からヒントを得て私が創作したのです。

「包容力」と一言で表現しても、その内容はとても深いのです。

中国の寓話の孫悟空もひとっ飛びに何千里を駆け抜ける事が出来ますが、お釈迦様という存在からみれば、ほんの手の平の距離でしかありません。どんな有能な人でも上には上があるものです。

大きな犬は子犬が吠えたり噛みついても知らん顔をし、逆に遊んでやったりしています。動物の世界では、同種族であれば大体似たような事が当り前のようです。

人間の場合においても、赤ちゃんと本気で喧嘩をする大人はまさかいませんが、人間の場合一番困るのは、身体は大人でも中身がまだまだ成熟していない人の場合です。

身体が大人なので外から見ただけでは判断がつかず、こういう人はいつまでたっても幼児性が抜けず、しょっちゅう人といさかいを起こします。人間関係の中でトラブルが発生するという事は、どちらも同じレベルにあるという事なのです。

沢庵和尚と村人が、お釈迦様と暴れ者の孫悟空が、喧嘩にもならないように、人間関係のぎくしゃくした問題が生じた時、一歩も二歩も自分が退いて相手に道をゆずる事です。負けてあげる、勝ちをゆずる、沢庵和尚が言っていたように勝っても負けても五十歩百歩。世の中の動きには「大勢に影響無し、影響がないならどちらでもいいじゃないか」というわけで喧嘩にも何もならないのです。

相手を大きな愛情で包み込んでしまうところに「包容力」の意味があるのです。

「負けるが勝ち」という諺がありますが、負けて勝つ必要のない世界があるのです。

「包容力」とは、全てを包み込む寛容の精神、他人を理解して受けいれる心の広さを言うのです。

■（25）日本の心（DNA）

●「名こそ惜しけれ」「侍魂」「大和魂」「公の精神」

古代日本の代表的な勢力は、大和政権だと言われていますが、それ以上に強烈だったのは、開拓農民の政権（鎌倉幕府）が関東に成立した事です。

彼らの、「名こそ惜しけれ」恥ずかしいことをするなという坂東武者の精神は、その後日本人に強い影響を与え、今も一部のすがすがしい日本人の中で生きています。


司馬遼太郎著『この国のかたち』（文藝春秋）より

日本人の日本人たらしめている行いとして、「二〇一八年サッカー日本代表が海外での試合に敗れた後、応援に来ていた日本人サポーターが会場をキレイに清掃して帰った」というニュースが世界に報道され喝采を浴びました。

また、司馬遼太郎さんは著書『この国のかたち』の中で「公の精神」について、公の精神とは、自己の利益や地位でなく、公の為に働く事を清しとした精神、人民に尽くす姿勢が、人々の尊敬を集めました。「名こそ惜しけれ」と「公の精神」が日本の二つの

心（DNA＝遺伝子）であると、述べられています。

私達は、自分が気付かない間に途方もない大きなDNAを過去から受け継いでいるのです。

作家で弁護士のケント・ギルバートさんも、その著書『私が日本に住み続ける15の理由（第12章）』の中で、「日本にはアメリカが失った公の精神があるから（要約）」と公の精神について述べられています。

さらに、**不思議な親切心や歴史的な遺産、治安の良さなどについて日本が世界一の楽園だと褒めていただいています。**

少し褒め過ぎだと、私は脇の下から汗が噴き出るほどに恐縮してしまいますが、外国人である同氏から見た客観的感想なので、ある程度当たっているように思います。

ただ、最近の日本について、生前の司馬遼太郎さんやケント・ギルバートさんも、良い習慣や気風がだんだん薄れている事に危惧を感じておられます。

確かに「運転マナー」「特殊詐欺」「ネットでの誹謗中傷」「多様性社会」など、かくいう私もその事については心配性になっています。

ですから、本書読者には、ぜひ司馬遼太郎さんの『この国のかたち』、ケント・ギルバートさんの『私が日本に住み続ける15の理由』の二冊を、ぜひ読んで頂きたいと思うのです。

一人ひとりの意識が変われば、日本の上に陽はまた昇り、世界の人々から尊敬を集める国になると、私は信じています。

なぜなら、こんなに素晴らしい日本人独特の行動や感性のルーツ、日本の心、（DNA）がすべての人に、そして平等に受け継がれているのですから。

三、基本動作

■（26）聞きじょうず

●話しじょうずは聞きじょうず

聞くというのは基本動作の一つですが、人によっては自分の意見を言うのが大変得意だが、他人の話をあまり聞かない人がたまにいます。

本人は自分の意見を述べるので気持ちが良いのでしょうが、どんなにいい意見を持っていても相手に良い印象を与えたり、好感を持たれる事はありません。なぜなら「コミュニケーション」は意思のキャッチボールだからです。

> 話の得意な人は、特に注意をして出来るだけ他人の話を聞かなければなりません。自分の意見を差し控えてできるだけ話を聞く、それだけで随分得もし、信用も得るのですから。（※スピーチはできるだけ短めに！）

他人の話をよく聞くという事は、自分の事をよく理解してもらったという信頼感を得、思わぬいい話が聞けたり、新しい情報を提供してもらったりと良い事ずくめです。

また、自分の意見を述べるという事は、ストレスの解消にもなるので相手を思いの他満足させる事ができるのです。

「聞く」というのは、人間関係の中で最も大切な基本動作の一つなのです。

仕事であるにもかかわらずしゃべり過ぎて失敗したり、相手の気分を悪くしているという事に一向に気付かない人がいますが、仕事をしているのに自分のストレスを解消してどうするのでしょう。本当に注意したいものだと思います。

反対に「聞きじょうず」な人は尊敬もされ、第一他人に悪口を言われる心配がありません。なぜなら、自分の意見は本当に必要最小限話すだけなので「ボロ」が出ないからです。

聞きじょうずは一つの技術であると考え、聞く技術を磨いて欲しいと思います。

聞くといってもただ相槌を打っていればいいというわけではないからです。本当に真剣に話を聞いているかどうかは相手にすぐ分かります。

話を聞き出す為の質問内容が大事な事は、ＴＶなどの対談を見ていても理解していただけると思います。質問の内容によっては幾らでもいい話が引き出せるのです。

いい話を聞けば聞く程、自分の意見を述べるより得する事は自明の理ではありませんか。

本当に聞きじょうずな人は、自分だけでなく相手の能力も高めてしまうという効能も併せ持っています。また、本当に聞きじょうずな人に出会うと、豊かな人間性を感じてしまうのは私だけでしょうか。

古今東西、昔から偉人といわれた人は皆「聞きじょうず」であった事は周知の事実なのです。

それは多くの人からたくさんの知識を得る事に成功した結果でもあるのです。

「話しじょうず」は実は「聞きじょうず」の間違いだと思って、くれぐれも話し過ぎないよう身を慎んで欲しいと思います。

■（27）メモを取る

●基本動作の中で最も重要で基本である

どんなに頭の良い人でも会議や打ち合わせの内容を長時間の間全て記憶する事は不可能な事です。人の話をよく聞くという事は、メモを取るという事でもあるのです。

仕事の打ち合わせをする時にメモを取っていれば相手も安心するものです。

仕事は100％完璧にして当たり前の世界ですから、記憶にだけ頼る事は仕事をしようという態度としては失格だと言えます。

別に「メモを取る」という事は、仕事だけに限った事ではありません。例えば買物に行く時でもあらかじめメモをして買物をすると、忘れ物をする確率がずっと低くなりますし、簡単なメモ程度の家計簿をつけるという事でも随分とお金を節約出来ます。多くの無駄を省く根拠になると私は思います。

メモを取ればそれで全てが解決というわけでもありません。メモをどう活用し使いこなすかも大切なポイントです。

お得意様から頂いた要望にどう応える事が出来るかが正念場です。打ち合わせの時、前回の打ち合わせの時のメモを見ながら一つ一つ確認しながら誠心誠意その成果を提案する。

また、相手の話に欠けていたと思われる自分自身の提案を必ず盛り込む。そうした一生懸命の態度は必ず相手に通じるものです。そこに信用と信頼が生まれるのだと思います。

勿論、得意先に会ったり、打ち合わせたりといった事のない人でも、新聞を読んだり、本を読んだり、仕事の内容なり、人と話をする等手帳を必ず携帯しておき、素早くメモを取るという事を忘れてはなりません。そして一年間書き込んだメモを年末年始になるともう一度目を通し整理するのです。その中から最も重要だと思われる事柄をメモの中から取り出し、簡単な言葉にして別のノートに書きためておく、そうして出来たものが本書でもあるのです。

書き集められたメモは、やがて血となり肉となって身に付いていきます。ですから、メモを熟成させる必要があります。

瞬間的にひらめいたアイデアで映画を作る、小説を書く、仕事をするというのでは本当に良い仕事は出来ないと思います。なぜなら最初ひらめいた時は素晴らしかったけれど、一ヵ月もしたら感動が色あせているという事を誰しも経験した事があると思います。

本物を創りたいと思うなら、長い時間の試練を受けなければなりません。そうして出来た本物だけが時代を超えて人を感動させるのだと思います。

■(28) 早く安く正確に

●要求された諸条件に対して正確無比であるか

「早く・安く・正確に」というのは、仕事をする時の一番基本的な要素の一つです。この三つの要素に「メモを取る(95頁参照)」が揃って初めて仕事が完成するのです。時代や仕事の内容によっては正反対の言葉が取って代わる場合もありますが、しかし最も基本的な要素であり続けるという事は間違いないと思います。

最高の早さは「瞬時にさばく」というのがあります。その問題を聞いた途端に対処して解決してしまうという。熟練度が最高のレベルに達した場合、可能なことなのです。

「早く」というのは、魚でも野菜でも新鮮な方が評価が高いように、仕事も早くなければ価値が殆んどない事を表現しています。

現代は情報化時代だと言われています。古い新聞や雑誌、一日遅れの天気予報等、古いというだけでその価値がほとんど無くなるように、**新しい、早いという事が仕事の中にも最も重要な事なのです。**

仕事や物事には必ず「タイミング」というものがあります。早いという事はそのタイミングを外さない事なのです。

「時は金なり」という諺があるように、「早さは金なり」です。

早さを自分の身に付ける為に、この仕事は何時間でしようと最初に計画し、それを実行するという事が、早さを身に付ける一つの「コツ」だと思います。仕事には時間がつきものだという事を忘れてはなりません。

「安く」というのは、どんなに良い商品でもその商品の価値観以上に価格が高ければ、誰も買ってくれません。良い商品を安くというのは、いつの時代でも変わらぬ基本です。

勿論、高付加価値時代ですから本物の本当に良い商品はそんなに安くは出来ませんが、それを他の競争相手より安く提供し宣伝すれば、当然理論的には売れるはずです。

「利は元に有り」の言葉通り、原価をいかに安くするかは仕事の一番重要な基本なのです。大切な事は原価意識を常に持っている事だと思います。

こういう材料を使えばこれだけ高くなる、質問されてから調べるのではなく前もっていろんな方向から検討しておき、質問があった時すぐに答えられるようにしておく、プロであれば当たり前の事だと思います。

良い商品は高いのでなくて、良い商品を安くというのが何時の時代にあっても勝ち残る基本だと思います。

「正確に」というのは、いかに早く仕事をしても（問題の本質をついていない）間違いだらけだという事になれば何の役にも立ちません。要求された諸条件に対して正確であるか、という事が重要なのです。

正確という意味の中には、適切な資料が絶対必要です。何故こういう解答になったのか、それこそできるだけ適切な方法を使って説明をする、説得するという事が必要でもあります。

写真・ビデオ・新聞・ＴＶ欄の切り抜き・雑誌・模型等ありとあらゆる方法を使うという事が大切です。ソフトにお金をかける事は、いかに仕事が正確であるかを相手に認識させる一つの手段だからです。

「早く・安く・正確に」と「メモを取る」というのは、仕事のプロと呼ばれる人の必須条件なのです。

どれ一つが欠けても仕事としては成り立ちません。仕事をする時いつも頭の隅にこの事を覚えておき、自然に身に付くまで意識をする事が大切だと思います。

■（29）スペア（予備）を持つ

●リスクヘッジ（危険回避）

誰にでも忘れ物や落とし物はあると思います。大事な事はその場合を想定して準備をしておくという事だと思います。

紛失したら困る物はいくらでもありますが、手帳は毎日使う物なので特に困る物の一つです。そのため手帳の中で特に大事だと思われる箇所・電話番号等をコピーしておけば大変役に立ちます。

コピーをしておくと便利な物に健康保険証・家の権利書・運転免許証・パスポート等があります。

また、家の鍵等あらゆる鍵は一揃えスペアを作っておくと、いざという時非常に便利なものです。

メガネの予備・年賀状の整理・電池・電球・蛍光灯・グロー球・石鹸・トイレットペーパー（車の中に地図を乗せておく）等数えあげるときりがありません。

「スペアを持つ」という考え方は、鍵やコピーを取るだけに限った事ではありません。例えば貯金等もスペアの考え方の一つだと思います。

昔の武士は着物の襟に小判を縫いつけておき、いざという時に役立てたという事です。

車を運転する時に一番必要な事は、どんなに忙しい時緊急の場合でも絶対に時間に余裕（スペア）を持つという事ではないでしょうか。あわてて事故を起こし、最悪の場合人命に関わるという事にでもなれば一生後悔する事になるのです。

「スペアを持つ」という事は心に余裕を持つという事でもあり、事故や不慮の出来事に遭遇した時冷静に行動し、事故を最小限にくい止める事ができます。

「スペアを持つ」という事は単に物の予備を作るという事にとどまらず、様々に応用範囲を広げる事が出来ます。

本当はもっと深い意味を持ったものなので、一度じっくり「心の余裕」「考え方の余裕」等について思いを深くして頂きたいと思います。

アメリカで一番優秀な投資会社の条件の最優先事項は「リスクヘッジ」だと言われています。「リスクヘッジ」を地球規模で考えると、天災地変は必ず周期的に起こっていますし、人間自身が引き起こす戦争や飢饉など数え上げればきりがありません。

「スペア（予備）を持つ」というのは、これだけ深い意味を持っているのです。

■ (30) 間を取る

●早いという事は万能ではない

すぐに答えを出さない、急ぎ過ぎない。
答えが出るまで、わざと引き延ばす。

ある有名な咄家《はなし》が一番難しい事は何ですかと聞かれた時、ちょっと考えてそれは「間を取る事ですね」と答えられたことが頭に焼きついています。

「瞬時に対応する」「早く安く正確に」はプロの条件だと、97頁で書きましたが、全て早ければ良いというわけではありません。

相手が「カンカン」に怒っている時に、一生懸命に言い訳をしにいって火に油を注ぐ結果になったというような事は一度や二度経験があると思います。

そういう時は間を取るのです。相手が冷静になった頃を見計らって、正しいと思う意見を述べる事が賢明なやり方だと思います。

また、相手から無理難題を要求された時なども別に即答する必要はありません。「一度帰って相談する」か「考えさせてください」と言って間を取るのです。

別に落語家や漫才等の話芸に限った事ではありません。踊りの名人等もやはりこの「間を取る」のが一番難しいと言います。この「間」というのには実は深い意味があるのです。**何でも全て話をして十分過ぎる程の説明をするというのは、実は未熟な人の考えなのです。表現しない方が、説明しない方がその何倍もの効果を発揮する場合があるのです。**見たり聞いたりする相手の能力に応じて想像力をかき立て、相手にも参加してもらうという考え方もあるのです。

名作と言われる作品には、この「間を取る」という考えが色々な形で挿入されている場合が多いのにきっと驚かれると思います。

「間を取る」というのは、

（1）ここ一番という時に急ぎ過ぎて失敗しないように、もう一度冷静になって考える時間を取りなさいという事です。

（2）早くするというのは大切な事ですが、早いという事は万能ではない事。

（3）話の技術として機関銃のように話しっぱなしというのではなく、相手の話を聞きながら上手に「間を取り」ながら、めりはりをつけなさいと教えています。

私の大好きな高倉　健さんが、「語らない方が、多くの事を語る場合がある」と言っています。まさに、「間」の大切さを実感された、名優の言葉ではないでしょうか。

■（31）本音で話をする

●肩書や身分などでなく裸の付き合いをする

しょせんこの世の中はどんなに科学が発達したといっても、結局は人間と人間とのつき合いが一番大切なのではないでしょうか。

メキシコでは何を一番優先するかといえば、会社や仕事と答える人は皆無で一番は家族で二番目はアミーゴ（友人）次に恋人だそうです。

日本でも最近は会社や仕事が一番等と考えている人はまれになってきているようです。メキシコという国は大変な借金国なのですが、だからといって優先順位を変えよう等という気は全然ないようです。

日本でも外国でも田舎や産業が盛んでない地方に行くと、貧しいけれど人々の顔はとても明るく素朴なのに感動させられます。道を尋ねてもこちらが恐縮するくらい親切に教えてくれます。

田舎に行くときれいな空気や自然に触れ、また人々の温かい心に触れるとつい自然や人間に対する信頼感のようなものがよみがえってきます。

なぜ都会や街中で生活を始めると、かくも人間は変わってしまうのでしょう。

お金はあってもなぜ心が貧しくなるのでしょう。それは一つに人間が多く集まれば集まる程本音で話をしなくなるからだと思います。

物を売りに来た人に、つい本音を言ってしまって大変な物を買わされてしまったとか、相手の事を思って言ったのだけれど、それが回り回ってとんでもない誤解をされてしまったといった事が度重なるとだんだん本音で話をするという事に慎重になってしまうものです。

本当の友達友達どうしや家族であれば、心を許して何でも本音で話し合う事が出来ます。ですから時には激しくけんかをしたり、いがみ合う事もありますが、少し時間がたつとまた元通りにいつの間にか仲良くなっています。

人間関係や仕事や商売にしても、やはり本音で話をするという事が本筋ではないでしょうか。

本音で話をする事によって随分と損をしたり、誤解を招く事が多いと思いますが、そんな事には一切頓着する必要がありません。一番大事な事は「相手の身になって考える」という事さえ基本にあれば良いのです。

例えば商品を売りに行ったとします。この商品にはこんな欠点がありますよ、使う時にはこういう点に注意しないとすぐ壊れてしまうといったふうに、長所より欠点の方もしっかり話をする。

もちろん、こんなふうでは商品を買ってもらう事ができないかもしれません。

しかし何人かに一人は、こいつは正直な人間だから買ってみようという客がいるかもしれません。最初はしんどいかもしれませんが、そうして本音で商売をするという事は結果的には多くの人から支持を得て繁盛するという事になるのです。

「嘘をつかない」というのが本音で話をする時の基本です。

友達どうしであれ近所付き合いにしても、損をしようが誤解されようが、ただひたすら頑固に本音で話をする。こちらが本音で話をすれば相手も本音で話をしてくれるものです。

最初は遠回りのようですが、結局人間関係には早道というものがないのです。

本当の人間付き合いをする、本当の商売をするという事は、誰に対してでもない自分自身に対して正々堂々としていることだと思います。

何より重要な事は、肩書や身分などでなく、裸の付き合いである。机上で学んだものは忘れるかもしれないが、体で覚えたものは無くならない。

腹が据わり、裸をさらけ出して初めて人は人と結びつくことが出来る。人を感動させることが出来るのです。

■ (32) 自修自得

●自分の判断で臨機応変に工夫する

「仕事は自分で探して創り出すものだ。
与えられた仕事だけをやるのは雑兵《ぞうひょう》だ」
織田信長　戦国の武将

昔エアコンの中に「サーモスタット」とよばれる自動で温度を調節する機能がありました。現在では「センサー」や「人工知能（ＡＩ）」で室内温度を管理し、設定温度以上になれば冷房、以下になれば暖房と、正反対の働きを制御しています。

「自修自得」とは、人に教えられたり指示される事なく、自分の判断で臨機応変に工夫する事を言うのです。

正反対の事を「自修自得」で切り替える。これを日常の作業や仕事に応用すれば素晴らしいアイデアになると思います。

例えば仕事に応用してみると、仕事の量がいつも一定しているとは限りません。大抵の場合は片寄っていて、忙しい時と暇な時の差は必ずあると思います。

ここで大切な事は、忙しい時と暇な時にする考え方や行動が違って当たり前だという事です。忙しい時は当面の仕事を合理的にいかに早く処理するかにあるわけですが、少しでも暇になった時、時間に余裕が出来た時どう工夫すれば良くなるか、日頃出来ない色々な資料の整理、懸案事項、諸問題、差別化対策、等数え上げればきりがない位にあると思います。

それらの事を日頃から検討し議論して暇になった時、前もって決められた優先順位で懸案事項を処理する。考える仕事に自動的に対応するという事が本当に大切な事なのです。しかし実際においては、なかなか自動的に切り替えるという事は、人間という感情を持った動物は下手なようです。

だから自動的に切り替わるサーモスタットの機械の方がこの場合は優れていると言えます。そういった意味で「自修自得」が応用出来る事柄は、(好況/不況、もうかっている時/赤字の時、夏期/冬期、休暇の使い方) 等考えればきりがない程あります。

重要なポイントは、自動的に切り替える時の基準になる数値の幅を前もって決めておき、段階的に切り替える内容を変える事が必要です。

暇になった時、時間に余裕が出来た時ボーッとしていないで、どうその時間を過ごすかでその人の将来が決まってしまうといっても過言ではありません。

■(33) 集中力

●ある瞬間に全ての神経を どれだけ集中できるか

「まずは目の前のボールだけ集中する。一瞬一瞬、
自分にやれることをやろうと考えて」
錦織圭　プロテニスプレーヤー

巨人軍の王さんはホームラン王として、世界で一番多くのホームラン（通算八六八本）を打った事で有名ですが、なぜ世界一になれたのでしょう。

もちろん、天性の才能があったと思われますが、才能のある野球選手は他にも幾らでもいます。色々な要素があると思いますが、**天性の才能・技術に加えて素晴らしい集中力がその重要なポイントではないでしょうか。**

ものすごい早さで投げてくるボールの中心をバットの芯で捉えるのですから、生半可な事では出来ません。たった一つの点を何分の一秒という瞬間に振り抜く、その事に自分の全神経を集中させる事に成功した結果だと思います。

相撲の世界でも、ウルフと呼ばれた第五十八代横綱の千代の富士があの小さな体で一〇〇〇勝を達成出来た事は驚異に値する事ですが、その一つの要因にやはり集中力があ

ると思います。

相撲でも柔道でもスポーツの世界では、ある瞬間に全ての勝敗が決してしまう場合が多いようです。

そういった場合、当然の事ですが技術力というものが一番大切な事なのですが、それだけでは駄目で「心・技・体」と言われるように精神力、集中力というものが不可欠の要素として必要になってくるのです。

集中力とは、ある瞬間に全ての神経をどれだけ集中出来るかという事です。

一日二十四時間、一年中全神経を集中させるという事等、不可能な事なのです。ボクサーが試合に臨んで何カ月も前から試合に向かって調整するように、日常の生活の中に緩急をつけなければなりません。抑制と集中力、静と動に通じる事なのです。

長い厳しい冬の期間を耐え、雪をはねのけ草木が一斉に芽を吹くように耐えに耐えた力を爆発させるのです。そうした神経と精神の集中は容易な事では身に付くものではなく、**日頃の鍛錬がものをいうのは言うまでもありません。そして何よりもそれを支える強靱な体力が必要です。**

「健全な精神は健全な身体に宿る」と言うではありませんか。

満を持して練りに練った綿密な計画とデータの分析、そして集中力とが合わさって初めて事が成就するのです。

集中力には、ここだという時に出す瞬発力を可能な限りどれだけ大きく出来るか、力の配分の重要さを教えています。

集中力はその質を段階的に上げるところに妙味があり、その意味の深さがあるのです。

■(34) ポリシーとコンセプト

●生き方の哲学(目的)主張をはっきりさせる

何かを始めようとする時、基本的に考えなければならない事が二つあります。

一つ目は、ポリシー(思想・信念)であり、
二つ目は、コンセプト(それ無しでは存在しないような基本概念・目的・主張)です。

ポリシー(信念)は何故その事を始めなければならないのか、何故必要なのかといった根本的な動機の事です。

例えば本を出版するとします。何故この本を出版するのか、お金儲けの為なのか。

お金儲けと言えば少し語弊があるので単にビジネスなのか、それとも何か世の中の為になる事を言いたかったのか、真実を訴えたかったのかというように色々あると思うのです。

そこのところをまず明確にしないと焦点がぼけてしまって、うまく行かないだろうと思います。

まず生き方の哲学をはっきりさせるという事が一番に大切な事なのです。

仕事をする時でもポリシー(信念)を持って仕事をするのと、持たないで仕事をするのとでは、結果が大きく違ってきます。

私は家族を養っていく為に仕事をするとか、それも大いに結構な事ですが、自分は一生

の間に何かを残したい、生き甲斐を見つけたいと思うのとでは結果が大きく違ってくると思いませんか。

ポリシーが大切というのは、自分の生き方、生活の仕方が根本となった底の深い考え方なのです。

そこのところをまずはっきりさせてから始めなさいと教えています。なぜなら、「肝の据わり方」が違ってくるからです。

コンセプト（基本概念）は、ポリシーが決定すればそれをどのように展開して行くのか、目的と主張をはっきりさせなさいという事です。

何が言いたいのか目的も主張もないという事になれば、そんな仕事は本当の仕事ではありませんし、何の説得力も迫力もありません。ですから成功する筈もないのです。

例えば本を書こうと思えば何を書きたいのか、という事が一番重要な事です。上手に書く事も大切ですが、少々文章はまずくてもこれだけは書かずにいられないという内容そのものが本当は一番大切な事なのです。

「**訥《とつ》弁は雄弁にまさる**」と言うではありませんか。

何が書きたいのかが決まれば後は起承転結、ストーリー（構成）を組み立てればよいのです。ですから本を書くにしろ、仕事をするにしろ、何か事を始めようと思えばこの**目的と主張を徹底的に考え、鍛えなければなりません。**

家で言えばポリシーは土台、コンセプトは骨組みに当るものです。それこそ練りに練るという心構えが大切なのです。

それが出来れば「誰に、何を、どのように」といった明確な戦略を立てれば良いのです。

■（35）自然体

●すさまじいばかりの日頃の訓練と鬼神も恐れぬ闘志と覚悟が真の姿である

「上善水の如し」

上策は水の様に柔軟で謙虚、奇をてらわないこと。

> 江戸時代の剣術の達人として有名な「柳生宗矩」は、剣術の心得を次のように説いています。
> その一、心を動かさぬこと、こだわらぬ心。
> その二、こうしようと思う心こそ迷いであり、病の様である。
> その三、自然体でいること、それが剣の道にかなう。

「自然体」とは、柔道の試合を見ているとみんな倒されないように腰を引いて相対しているのをよく見かけます。

これは守るのに一番適した姿勢なのです。しかし、一度攻撃に移ろうと思えば体を伸ばし、相手の懐《ふところ》深く入らなければなりません。どうしてもわずかではありますが時間がかかるのです。

本当の柔道の達人ともなれば、真っすぐ大地に古木の様にスッと立っています。本当にいささかの無理もありません。

柔道の奥儀である「柔よく剛を制す」ではありませんが、どんな攻めに対しても力む事なく自然に相手の力を利用し、自分の力は最小限にして相手を倒します。

「自然体」とは、どこから見ても無理のない、攻めるに守るに一番適した姿勢なのです。だからといって誰もが自然体の姿勢を形だけ真似るわけにはいきません。

今にも風に吹かれ、倒れそうな古木の風情の「自然体」の奥には、すさまじいばかりの日頃の鍛錬となみなみならぬ実力が潜んでいるのです。

鬼神も恐れぬ闘志と覚悟が「自然体」の真の姿である事を忘れてはなりません。そして外見には決してその思いを見せず、風に吹かれる柳の様によわよわしくそこにあります。一押しすればひとたまりもなく倒れてしまいそうな、そんな風情さえ「自然体」にはあります。

決して力む事なく、大声で主張する事もなく自然の中に溶け込んでいるようにそこに佇《たたず》んでいます。

人間を見る場合どうしてもその姿を見て私達は判断をしてしまいます。形ではなく内容だと判っていても、内容は見るわけにはいきませんのでどうしても形から推測しようとします。工場にしても会社にしても家庭にしても、形からある程度の推測はつくものです。

「自然体」とは、見える形とその奥に潜む内容の深さを私達に教えています。背筋を伸ばすという言葉がありますが、私達の姿勢がいびつになっていないか、どちらかに片寄ったり猫背になっていないか、自分自身では気付かない姿をいつも鏡に映し反省し、日頃の鍛錬に緩みがないか、集中力は、精神力は、と一瞬たりとも気を緩めてはなりません。

「自然体」とは、形である姿勢と内容がともなって初めてその効果を発揮します。形だけに終わってしまわないように心したいと思います。

■(36)道具も芸のうち

●いい仕事をする人は いい道具を持っている

腕のいい大工さんが家に来たとします。しかし道具はノコギリしか持っていないというのでは、いくら腕のいい大工さんでも良い仕事が出来るわけがありません。最近では良い道具が色々開発されて、ライトバン一杯に積み込んで仕事に行くそうですが、新しく開発された道具を使いこなすというのも、新しい時代のいい大工さんの条件だと思います。

大工さんの道具を見ればその腕の良し悪しがわかるというように、いい大工さんは良い道具を持っているものです。また、いい大工さんは暇な時間を見つけては常に道具の手入れを怠りません。

家庭の中においてもいい主婦は良い調理道具を持っているものです。学生でも同じ事です。いい学生は良い辞書を持っているものです。

仕事という狭い範囲に限らず何かをしようと思えばその気持ちの強さが道具に表われるのです。勿論、良い道具を持っていれば良い仕事をするとは限りませんが、良い仕事をする人は良い道具を持っているという根本には変わりはありません。

そういうわけですから、良い仕事をしようと思えば道具にお金を惜しんではなりません。

良い道具を見つけたり開発しようという気持ちが常になくてはなりません。

時代は想像以上に動いているのですから、時代遅れにならないように気を配らないといけません。絶対これだけは必要だと思われる道具にお金をかける事は、使用頻度という尺度から考えても理屈にかなっています。

仕事という物には道具が必要なのです。仕事の内容によっては、道具の種類は色々違うでしょう。仕事の内容に合った良い道具を持って常に手入れを怠らないという事は、どの職業でもあてはまると思います。

昔、人間は火と鉄という武器を手に入れてから急速な進歩の始まりがあったといいます。

「道具も芸のうち」というのは、道具もその人の実力の内の一つだと教えているのです。

道具という言葉の意味を深く考えれば考える程、その内容と意味は深く大きくなっていきます。

■（37）資　料

●道具も芸のうちのひとつ

この本にこの項目を入れるか随分迷いましたが、よく考えてみてやはり入れる事にしました。

「百聞は一見に如かず」という諺があります。

どんなに詳しく説明をしても相手に理解してもらえないのに、その現場を実際に見せると全て了解してもらえたという事はよくある事です。

それがベストであるという事は事実なのですが、余りに多くの時間が必要なのが難点なのです。

お互いに忙しいのですから事前の策として資料が必要なのです。一枚の写真を見せる事で、相手に理解してもらうという事も可能なのです。

「デザイン」や「資料」の基本は統計学です。

いくらこのアイデアが新しいと確信していても、過去の実績を知らないで「新しい」という言葉は使えないのです。

「故《ふる》きを温《たず》ね新《あたら》しきを知《し》る」は何もデザインや資料に限った事ではありません、全ての基本だからです。

（1）必要なだけの過去の事実を分類して保存しているか。
（2）現在進行中の情報を分野別に的確にファイルしているか。
（3）資料や情報を一つのストーリーとして捉えているか。
（4）目まぐるしく変化し増え続ける資料と情報を見やすく単純明快にポイントだけを、差し替え続けるシステムを確立しているか。

以上の４つが生きた資料の条件であると思います。

「道具も芸のうち」と言われるように、生きた資料は日常の地道な努力の中から生まれるものだけに、本当に根気のいるものです。

武士が刀無しでは戦えないのと同じように、仕事には「資料」が欠かせないものなのです。

■(38) やさしい事から始める

●小さい事を重ねることがとんでもないところに行くただ一つの道だ

高い山に登ろうと思えば、まず裾野から歩き始めなければなりません。

どんな高い山でも最初からそそり立つ断崖という事はありません。なだらかな裾野が必ずあるものなのです。

試験の問題を解こうとする時の基本は、やはり一番やさしい問題から始めて順番に難しい問題に移るようにする事です。

何かをしようと思えば慎重に考えて行動しなければなりませんが、考え過ぎると失敗した時の事ばかり気になって、何も出来なくなる場合が多いようです。そういう場合には、まず行動に移して走りながら考えるという手があります。出来ない、駄目だと思う前にまず行動に移すのです。「駄目でもともと」全ての行動の基本です。

「森を見て木を見ず、木を見て森を見ず」という諺がありますが、森の全体ばかり見て、どんな木が生えているのかを知らない。また、どんな種類の木が生えているか部分的な事ばかり気になって全体の森の規模や、どんな形をしているのかを知らない。

要するに大きな事ばかり考えて、小さな事に気付かない事の注意であり、小さな事ばかり気にしないで大きな時代の流れや全体を知りなさいという教訓ですが、「やさしい事から始める」というのは山に登る前に地図を調べたり、天候・用具の準備が出来、頂上に向って一旦歩き始めたら足下に全神経を集中するのが「コツ」なのです。

要するに「森を見て木を見なさい」という教訓でもあります。頂上の方ばかり見ていると、「まだあんなに高い」「こんなに頑張っているのに全然進んでいない」という事になり、焦ったり、途中で投げ出したくなるものです。

勿論、時々道や方向が間違っていないか確認しなければなりませんが、**歩き始めたら一歩一歩を大切にする事です。「千里の道も一歩から」と言うではありませんか。**

難しい仕事をする場合でも、まず手始めにやさしい簡単な事から始めればよいのです。からまった糸を解《ほぐ》す様に諦めないで根気よく、出来る事から徐々に解決していくと、いつのまにかあんなに難しいと思っていた事がもう終っていたという事になるのです。

昔、大掃除をしていた時の事です。ちょっと昼寝をしようと思って大分寝過ごしてしまって、気が付いた時はさあ大変です。もう陽は落ちかけて薄暗くなるは、道路には気が遠くなりそうな荷物の山です。ほんと泣きたくなりましたが気を取り直して、近くにある荷物に飛びついて無我夢中で片付け始めました。そして気が付いた時は、道路にあった荷物は全部片付いていました。こんな経験は誰にでもあると思います。

「馬鹿の考え休むに似たり」進む方向が決まっている場合は、まず歩き始める事が一番

大切なのです。
「やさしい事から始める」という事は、色々出来ない理由や難しい点ばかり指摘しないで「まずやってみなさい」という教えなのです。

「小さいことを積み重ねることが、とんでもないところに行くただ一つの道だ」
イチロー　元プロ野球選手

四、物の考え方

■（39）考える

●考える事は無限である　そしてその深さもまた無限である

「人間は考える葦である」と言ったのはかの有名なパスカルですが、深く思考するというのは人間だけに許された特権ではないでしょうか。

地球の資源は有限ですが、思考というエネルギーは無限の可能性を秘めています。

考える始まりは「何故（なぜ）」と自らに問う事です。

何故不幸なのか、失敗したのか、何故思うようにいかないのか、ついてないのか、何故失恋したのだろう、何故お金がないのだろう、何故、何故……。

「何故」と問う事によって全ての始まりがあり、思考する事の始まりがあるのです。

例えば枡《ます》というものが目の前にあるとします。説明するまでもありませんが、枡というのはお米を量るあの枡の事ですが、この枡の中にどれだけ高価な物を入れる事が出来るか考えてみましょう。

金を枡いっぱいに入れると相当な金額になると思いますが、それ以上に高価な物を入れるとするとダイヤモンドの方がはるかに高額になると思います。

一国の軍事機密を大容量のメモリーカードにして入れればどうでしょう。また、ある画期的な商品の製造方法をメモリーカードに入れれば、どれだけの重要な情報がこの枡の中に入ることになるのでしょう。

砂漠の中に置き去りにされたとします。もし枡いっぱいに水が入っていれば、一口の水は命に等しく、他のなにものにも替えがたい程高価な水となるでしょう。

このようにたった一つの枡の中に無限の考えを入れる事は可能なのです。ましてや制限のない条件で考える事となったら、考える事が恐ろしくなる程無限にあります。

ですから少々の条件があった方が考えやすいのです。考え方の容量が多少とも制限されるからです。

生きるという事は必然的に考える事なのです。深く深く限りなく深く考える事は、人間の根源的な特権でもあるのです。

誰にも邪魔される事なく、深夜独りで酒をかたむけながら思考の幽玄をさまよう事は、果てしなく広がる夢の世界でもあります。思考は荒唐無稽《こうとうむけい》などんな夢でも可能だからです。

考える事の楽しさは、一つの知性を磨く遊びでもあるのです。

■（40）相手の身になって考える

●隣の芝生は青い
●相手の事をどれだけ理解しているかが問題である

自分はこんなに苦労しているのに、他人は気楽にやっているようについ考えてしまう事を「隣の芝生は青い」と言うそうです。

自分がこんなにしんどいのだから、他人はもっと苦労をしているのだなぁと考える事を「相手の身になって考える」と言うのです。

人間が人間とかかわり合う事を人間関係と言いますが、この人間関係の中で最も大切な事が、相手の身になって考えるという事です。

人間はもともと自己本位なのです、しかし、社会で働いたり、そこで生活するという事は、否応なく自分本位でやっていけません。

「自分の事を他人はわかってくれない」とか、「どうも人間関係がうまくいかない」「仕事がうまくいかない」「友達が出来ない」等々は、自己中心が原因の場合が多いのです。

他人に自分の事を分かってもらう前に、相手の事をどれだけ理解しているかが問題なのです。他人と話をする時、相手が何を言いたいのか、何を欲しているのか、相手の立場や気持ちになって考えてあげなければなりません。

相手の話も聞かないで自分の意見だけを言っても、誰も相手にしてくれないのと同じで、相手の身になって考えて初めて相手も自分の事を考えてくれるのです。ギブ・アンド・テークです。

自分の目的や考え方を押しつけるより、相手の話をよく聞き、相手の気持ちや性格を考慮した上で、自分の意見も話すというのが人間関係をよくする方法だと思います。

お互いに自分の意見を主張し合うというのも大切な事ですが、お互いが相手の事を気遣うという事もまた大切な事なのです。

■(41) 反芻（反復・復唱）

●一度のみ込んだ食物をまた口の中にもどして何度でも味わう

「反芻《はんすう》」とは、牛やラクダ等が一度のみ込んだ食物をまた口の中へもどして噛む事

この事は別に牛やラクダに限った事でなく、日常の事や学業、仕事に当てはめて考える事が出来ます。

本を読んで感銘した事、「いい話だなぁ」と印象に残った事、勉強になるなぁと思った色々な事を手帳にメモをしたり、頭の隅に記憶させておき、折に触れそれを何度も何度も取り出し、吸収するのです。「もうこれでいい」というまで検討し、理解し自分の物にして初めて消化するのです。

早く結論を出すという事も大切ですが、能力以上の事やわからない事等は、この頭の反芻器にかけて繰り返し検討する事が大切だと思います。

うまく訓練すると眠っている時、自分の知らない間にこのシステムが稼働するという事が最近の医学でも分かってきているそうです。

「果報は寝て待て」ではありませんが、自分の身体の中に自然に対応出来る能力を持つ

事は、素晴らしい事とは思いませんか。

また、「反芻」によく似た言葉に「反復・復唱」というのがあります。

人間というのは案外物忘れの激しい性質を持っています。

「のどもと過ぎれば熱さを忘れる」とか「人の噂も七十五日」等忘れっぽい事を表現した言葉は数多くあります。

もちろんどんな性質にも二面性があって、悪い場合ばかりではありません。嫌な事やつらい事、苦しい事等も時間を置けば忘れたり、薄れさせてくれる効果もあるのです。

ところが、これだけはどんな事があっても覚えてもらいたい、徹底しなければならないという基本や、根本的な事があるはずです。そういった事柄は、機会があるごとに反復・復唱するのです。

誰もが音を上げるくらい、何回も何回も身体にしみ込ませるという思いで、繰り返していただきたいと思います。

子供が昔からある名作等の絵本やテレビを繰り返し見るのは、実に大切な事だと思います。決して量を追わない、そういった教育もまた必要ではないでしょうか。

■（42） 使用頻度

●優先順位を決めてお金や時間の配分を考える

この言葉は私の兄から教わった言葉です。

私の知っている人に宝石の好きな人がいます。その人は何億円もするような宝石を持っていますが年に何回かのパーティーの時にしかダイヤの指輪をはめません。

その人は粗末な車に乗っていて自動車事故で死んでしまったのですが、この話から皆さんは何か思いつかれませんか。

そうです、話があべこべだからです。年に一度か二度しか使わない物に何千万・何億をかけるのなら、毎日乗る車にもっとお金をかけた方がずっと合理的な考えだといえるのではないでしょうか。

もちろん、女性だと誰しもが宝石に憧れるものですし、「人の好き好きでしょう」と怒られるかもしれませんが、ここではものの考え方を話しているので、そこのところは堪忍してもらうとしまして、一番分かりやすい例として考えていただきたいと思います。

あれもしたいこれもしたい、あれも要るこれも要る、お金は本当にいくらあっても足りないものです。その時何を優先し、どこにお金をかけ、何を省くのか決めなければなりません。その時の一つの尺度になるのが「使用頻度」という考え方なのです。

毎日使うもので、お金をかけた方がより性能が良く、より便利になるものに優先的にお金をかけなさいという事です。

一度押し入れを開いて要らなくなった物を机の上に並べてみるとよく分かります。本当に大切な物にお金を使ったのか、無駄な物にお金を使わなかったか、真剣に考えてみる必要があります。

私の知っている人に大きくなってからの話ですが、一着の服も捨てた事がない人がいます。もちろんウエートコントロールも完璧で流行をうまく取り入れ、何十年たっても着られるという事を買う時の基本にしているそうです。

私たちも衝動買いに走り過ぎないで、**「使用頻度」という尺度を頭に入れて計画的に物を買うという習慣を身に付ける必要があると思うのですが、いかがでしょう。**

■

(43) 金銭は哲学なり(Ⅰ)

●お金には生きたお金「良銭」と一獲千金の「悪銭」がある

昔、吉原の遊郭に吉野太夫という大変美人な花魁がいて、全国の諸大名が競って水揚げしようと通ったそうです。ある時、お座敷で身なりの小ざっぱりした人の良さそうなお客に、ついいつもの口癖で「今度は何時来てくれますか」と訊くと、そのお客は困った様な顔をして、「四年後しか来られない」と言うので不思議に思った大夫がその理由をたずねると、「自分の家は貧しい農家なので毎日夜遅くまで働いても、ここに来ようと思えば、また四年はかかる」と言ったそうです。それを聞いた吉野太夫はいたく感動して、この人と一生を共にしようと心に決めた。という有名な話があります。

この話は、お金の価値観について述べているように思います。何千両、何万両積まれても首をたてに振らなかった太夫が貧しい男に魅かれたのは、たった一日遊ぶのに四年も苦労したという事実ではないでしょうか。

お金の価値観というものは百人いれば百人とも違うものです。だから、お金の性格というものをよく知っておく必要があるのです。

同じ百万円でも宝くじで当たったお金と、毎月コツコツと五千円、一万円と貯めたお金とはその価値観には大きな違いがある事にお気付きだと思います。同じお金でもその金銭哲学によって、お金の値打ちが随分と変わってくるものです。お金の使い方はその人の人格を表すと言っても過言ではありません。

昔から大阪商人には**「汚く稼いで綺麗に使う」**という諺があります。**お金には良銭と悪銭があるのです。**

お金持ちの子供は何でも欲しい物を買ってもらって幸福だと思われがちですが、私は本当は気の毒な事だといつも思っています。

私は貧乏に生まれた為、何でも欲しい物は自分で稼いで買ってきたので、贅沢のし過ぎという事もなく、お金の価値観も知らず知らずの間に身に付いたように思います。

お金持ちの子供がかわいそうだと思うのは、自分の知らない間に贅沢癖を付けられてしまうので大きくなって環境が悪くなった時、生活を落とそうと思ってもなかなかうまく行かず坂道を転げるように身を落とす場合が多いからです。

生活というものは上げようと思えば明日からでも簡単に出来ますが、生活を落とすという事はなかなか出来ないものです。

子供の将来を本当に考えるならば、あまり贅沢はさせない事です。最小限の生活費でやって行けるようにする事が、簡単なようで大変難しい事なのです。

学生時代に貧乏をして学校に通うという事が昔にはよくありましたが、あれなどは本当に良い経験だと私は思います。

「足るを知る」という言葉がありますが、自分の能力を自覚し、自分の収入の中で生活し、その中に幸福感を見い出す事を言い、上を見ればきりがなく下を見ればまたきりがないという事を肝に命じる事だと思います。

地に足がついているというのは、「そういった最小限の生活でもやっていける」という自信からくるものではないでしょうか。

お金は貯め続けていると、「毒」をもつようになります。適当な時期が来たら散じたり、使う方を優先させなければなりません。それで世の中の流通や経済が活性化されるからです。寄付等をするともっと良くなるのですが、そんなお金を良銭と呼ぶのです。

お金は貯めるのも難しいですが、使うのはもっと難しいものなのです。

■（44）金銭は哲学なり（Ⅱ）

●お金を貯めるのも難しいが 使うのはもっと難しい

お金の貸し借りについて少し述べましょう。

お金を貸して返してもらえなければ貸した人が悪いのです。なぜなら、返してもらえないような人にお金を貸したからです。人間を見る目がなかったのです。諦めるしか方法がありません。

お金を貸す時は、「この人なら幾らあげてもいいか」というふうに値踏みをしてお金を貸せば人間評価の勉強になるものです。この人にはあげられないと思ったら貸してはいけません。後で必ず後悔するもとです。誰もあり余ったお金を持っているわけではないからです。

本当の友達かどうか見極めたいと思うならお金を貸しなさい。もしお金を返さないような人ならお金は諦めて別の友達を捜した方が賢明です。お金にだらしのない人は生き方もだらしがないものです。

お金といえば、貯金という事についても少しお話ししましょう。

人間は病気もあれば、不慮の事故もあります。冠婚葬祭のお金も馬鹿にはできません。身内の不幸等、不意にどうしても要るお金を考えると、きりがない程一杯あるものです。

貯金といっても別に余分なお金ではないのです。一種の保険だと考えるのが一番適切だと思います。大体給料の十ヵ月分が貯金の第一段階の目安です。

お金の使い方にその人の生き方や考え方が素直に表われるものです。

昔、松浦さんという人に「無駄なお金は一円たりとも出してはいけません。だけどどうしても必要だという時には、一億のお金でも出さなければならない時がある」と教えられました。

お金持ちになった人に共通している事があります。それは十円のお金も百万円のお金も同じ価値観を持っていて、金額の大小ではなくお金そのものを大切にする人がお金持ちになれるのだと思います。

昔から「お金は稼ぐより使う方が難しい」とよく言われます。死ぬまでお金とは縁を切れないのですから「金銭は哲学なり」と考え、お金の達人になる事をおすすめします。

■ (45) 物事は多面体

●見た目だけで判断するのではなく 色々な角度から考える

当たり前の事ですが、物には表もあれば裏も底もあります。見ただけでは分からない重量も固さや臭いまであるのです。

たった一つの物にしてこれだけ色々な要素や面を持っているのに、見える所だけで判断したり、あれこれ批評するのは本質を突くという事では間違っていると思います。

まして人間は複雑な生き物ですから、見える所だけ、人から聞いた事だけで判断する事は不可能に近いといえるでしょう。一日付き合えば一日分わかり、一年付き合えば一年分わかる、そんなものです。決して人の噂や、特にその人に対する悪い批評は見た目だけで判断をしてはなりません。

勿論、人だけではありません。考え方も同じです。一つの方向だけにとらわれず、あらゆる面からの検討をする。成功する時の事よりも失敗をした時の事、最悪の場合を幾つも考えて、その場合の対応策を考える。不慮の出来事は、世の中自身多面体なのですから、起こって当然だと考えるのが正しいと思います。

何事も自分の思った通り事が運ぶなどと考えるのは、余りにも世間を知らなさ過ぎる考えです。全てを予想する事等、本当に大変な実力を必要とするものです。

自分を過信しないで万一の場合に備え「物事は多面体」と考え、世の中の事や人間の事をできるだけ多方面から深く知るという勉強をしなければなりません。

「物事は多面体」とは、つい表面だけ見たり聞いたりした事を基準にして行動に移すという浅知恵を厳しく戒めているのです。

一般によく知られている多面体に「サイコロ」があります。一方向だけの考えだけでは、6面もあるサイコロに、「3」しか出ないと言っているのと同じなのです。

まして人や考え方には、もっと様々な複雑な要素が数多くあって当たり前だと考えて、知識や資料、情報特に人間の「機微《きび》」等にも精通して頂きたいと思います。

＊機微＝表面からは知りにくい微妙な心の動きや物事の趣

■（46）一言で表現する

●物事の急所や要点を的確に捉える

「画家がどれだけ素晴らしいパレットを持っていても意味がない。

大事なのは、どんな眼を持っているかなんだ」

ピエール＝オーギュスト・ルノワール　画家

何故一言にまとめる必要があるのでしょう。

それは物事の本質を見極める為に一番良い方法だからです。

現代の社会は情報の洪水であるといっても過言ではありません。何が正しい情報なのか、必要な情報なのか見抜くのは大変な事です。だからといってただ見過ごすわけにはいきません。そういう時、できるだけ要点をまとめてみると取捨選択が簡単になります。


要点を整理して箇条書きに「メモを取る」習慣は、ただ単に文章をうまく書くという事にとどまらず、考え方そのものを無駄のない贅肉の取れたシンプルな物にしてくれます。

「誰が・何時・どこで・何を・どうしたか」という分類をし、誰が見ても分かり易いように書く事は、いつの時代、どんな場合にも大切な事なのです。

「不《ふ》失《しつ》正《せい》鵠《こく》」というのは的をはずさない、物事の急所や要点を的確に捉えるという意味

ですが、余分な修飾語や形容詞全ての贅肉を取りさり、ただ一言で本質に迫る訓練は真剣で勝負をするのと変わらない位の緊張感・集中力を必要とし、また、相手を説得する時の迫力となって迫るのです。

私は時々話しをしている時に、色々難しく説明しようとしている相手の人に「一言でいってみてください」と意地悪く注文する事があります。

大概の人は黙り込んでしまいます。まれに答える人がいますが、その答えがあっているか間違っているかを判断すれば、それで大体の事は理解出来るものです。

「人生とは……塞翁が馬」

「仕事とは……幸福になる為の手段」

「幸福とは……足るを知る」

「人間とは……善と悪」

「男とは……男稼業」

「女とは……化粧」

「優しさとは……厳しさ」

等と一言で問い続けてみてください。

自分の考えを相手に伝えたい時は、直接会って話しをするのが一番良い方法ですが、文章をうまく書くという事は場合によってはそれ以上の効果を発揮する事があるのです。

最近ではファックスやメール、LINE等で、確実に相手に自分の意思を「文章で伝達する」事が可能になっています。時間を有効に使う事は自分の為であると同時に、相手の時間を節約する事でもあるのです。

「一言で表現する」ことは、常日頃から問題意識を持ち、物の本質をまずつかんでから行動に移す。という訓練が基本になければなりません。辞書の中にはそういった意味で的確に物事を表現している場合があります。

「一言で表現する」という事は、剣の達人が気合いと共に竹を切る、あの呼吸に似ています。長い間の修練を経て初めて可能なのです。

■(47)ポイント(急所)をつかむ

●プロは一つの結論を持っている

八十三歳で亡くなられた俳優の高倉　健さんが記者に「良い役者さんとは」と訊かれた際、しばらく考えた後で、「それは、後進の役者を育てることでしょう」と答えておられます。漠然とした質問の急所をつかんだ一言ではないでしょうか。

人と話をする時、要点だけをまとめて要領よく話をする人がいるかと思えば、反対に何を言っているのか、さっぱり分からない人がいます。

友達や家族の人と話をしている間はいいとしても、仕事を始めたらそういった事ではやっていけないと思います。

人と話をする前に頭の中で要点をまとめ、どう話をすれば相手に良く理解してもらえるか考えてから話をするようにする事です。そうした事を「ストーリー(話の筋道)を考える」と言います。

日頃の訓練が大切です。映画を見たり、本を読んだ時手帳に大意を書くようにする。そしてこの映画、この本のポイントはここだという自分自身の評価を必ず持つという事が大切です。

「どんな映画か」と他人に訊かれた時、その時の批評の面白さが個性を創っていくといえます。**まず全体をつかんでそれからポイントを突く、という事が何事によらず大切です。**

プロの条件の中の一つに「結論を持っている」という事があります。どんな問題に対しても、一つの見識を持つという事がプロには要求されているのです。相手に訊かれてから考えるというのでは遅過ぎるのです。

「**ポイント（急所）をつかむ」とは、引き絞った弓から放たれた一本の矢が正確無比に的の真中に命中するように物の本質を突く事を指しています。**

日頃から新聞を読んだり、雑誌を見る等色々な事から情報を得て時代の流れのポイントをつかむ訓練をして頂きたいと思います。

■

(48) 単純明快

●どんなに難しい事でも 子供にでも理解できるように話をする

「大将の首だけ狙え」
※これは織田信長が桶狭間の戦いで、命令した一言です。実に的確な判断だと思います。要求して実行されるのは、一つかせいぜい二つだと思い知るべしです。

若い時にありがちな事ですが、難しい本を読んで自分は随分と賢くなったと長い間信じていたものです。

難しい話をしたり、すぐには理解出来ないような複雑な話をする人を偉い人だと尊敬さえした頃があります。

でも本当に賢い人はどんなに難しい話でも日常の出来事に例えながら子供にでも理解出来るように話をします。複雑な難しい事をどれだけ優しく解かり易いものにするかが教育であったり、仕事であったりするのです。

完璧にしようと思う余りあれもこれもと付け足し、しまいには膨大な量になり、その資料を作る努力に対する割には誰も実行しようとはしません。

要求が複雑で解かりにくく、多い事に気付かないのです。

要求が多いというだけで誰も本気になってそれを実行しようと思いません。なぜなら、要求が多い分だけチェックも多く複雑になるという事になり、結果的に何も要求しないのと同じになるのです。

こういう事を仕事の為の仕事といって、一番愚かな要求の仕方です。

「この一つだけを重点的にやりなさい」と言われたら、それこそ要求された方はたまったものではありません。一番逃げられない要求だからです。チェックも一つしかないわけですから簡単です。

要求が一つなら、皆諦めてどう実行すればよいのか真剣に考え出すものです。もっと要求したい時は前の要求が達成され、標準化した時点でまた一つ要求すればよいのです。また、どうすればそれが実行出来るのかを単純明快に指示しなければなりません。

二回も三回も読まなければ解からないようでは、人によって理解の仕方がバラバラになり、結局結果がバラバラになってしまいます。

全てのデータを集め、あらゆる条件を検討すれば、複雑な解かりにくい答えが出てしまう事は当たり前の事なのです。それをいかに簡潔に解かり易くするかがポイントなのです。

どんな要求でも削れるだけ削る、そしてこれがギリギリだと思われる事だけを単純に示す。解かり易く、あくまで解かり易く、これが全ての基本です。

「単純明快」とは、どんな複雑な事でもそれをできるだけ誰にでも解かるようにする事が大切である事を教えています。

難しい本の話が偉いなどと間違っても思わないで頂きたいと思います。

「細部を気にしていると、人生は浪費されてゆく。単純にしたまえ、単純に」

ヘンリー・デイヴィッド・ソロー　アメリカの思想家

■（49）シンプル

●一つの事に全身全霊を打ち込むそこに人より優れた物が生まれる

「単純・純粋・飾りのないもの」

形にしても考え方にしても、「シンプル」は見る人に分かり易く力強いものです。文章にしても、ヘミングウェイは全ての装飾語を切り捨てた『老人と海』でノーベル文学賞を受賞しています。シンプルは全ての物の基本だと思います。

「シンプル・イズ・ベスト」と言われるように、全ての邪魔物を削り落したものは、いつの時代にあっても美しいものです。

今日のように全てが多様化している現在、勿論シンプルだけが最高だとはとても言えませんが、一つの美の形である事と、基本であり続けるという事は変わらないと思います。

人の一生は流転の一生だとも言われ、起伏の激しいものです。職業一つをとってみても昔と比べると驚く程多種多様になっていきます。あれもこれもとつい迷いがちですが、一つの事に全身全霊を打ち込む、そこに人より優れた仕事が出来るのだと思います。

一つの事に集中する為に他の事を諦める事を「**積極的に諦める**」と私は勝手に名付けて

います。例えば、たかが趣味といってもバカにはできません。徹底的に打ち込んだ結果、それが元で会社を興したり、有名になったという事は、世間にはいっぱいあると思います。

あれもこれもと手を出していては、とてもそういうわけにはいかないと思います。多様な時代であればある程、複雑な社会であればある程シンプルに生きるという事が大切だと思います。

形にしても、様々な要素が混じり合った物が一つの時代の流行になっていますが、反面やはり打ちっぱなしのコンクリートの様にシンプルな自然の物はいつの時代にも、存在し続けると思います。

人生も生活も、仕事も趣味も、デザインもスポーツもあれこれではなく、シンプルな自分の独特の形（スタイル）を作って頂きたいと思います。

■（50）題（タイトル・テーマ）

●名は体を表す

題名を何にするかは、その本なり、レポートなり、会議なりが成功するかどうかに大きく影響する程重要なポイントなのです。

本のタイトルを考える場合、本の内容を「一言で表現する」のですから本当に難しいのですが、うまく表現出来るとこれ程力強いものはありません。

もっとも一番大切な事は本の中身なのですが、膨大な量の本を全て読む事は不可能なのでそのタイトルから憶測する他ありません。

たまに素晴らしいタイトルなので読んでみると、いまひとつもの足りない思いをしたという事はよくありますが、これ等はタイトルの方が本の中身より秀れていたよい例ではないかと思います。

タイトルを付ける場合というより、本で最も大切な事は以下の二つです。

（1）本当に面白いかという事です。
　面白いという定義は非常に難しい表現ですが、活字が目に飛び込んでくるといいますか、読むのが勿体ない程面白いという事です。

（2）は、何が言いたいのかという事です。
私の場合面白い本に出逢うという事すら滅多にないので、そう贅沢はいえないのですが、面白くて何が言いたいのかが素晴らしければこれはもう宝物です。

私は本はあらゆる意味で真実がテーマだと思うのです。人間の本質、動物の世界の真実、またいかに真実らしく見せるかが勝負のサスペンス物や探偵小説、ＳＦ等においてもいかに人間を深く描いているかが、本物か偽物かの分かれ道のような気がするのです。

題にも良い題とそうでないものがあって、良い題というものは、あれこれ説明するよりも題名そのものが、ストーリーを連想させる、それが最良であると思います。

題名にも、会話にも、仕事にも、ストーリー（物語）として構成すると、分かり易く明解なのです。

映画の題名等はその見本ともいえるものでしょう。題名の付け方いかんによってそれこそ興行収入に大きく影響します。勿論、題名よりも重要な事はその内容である事は言うまでもありませんが、その内容を更に光り輝かせるのが題名なのです。

「題」と一言でいえても、その裏にはその人の哲学や主張、そして魂ともいえる思いが込められているのです。

■（51） 不便にする

●美しくする事は不便にする事

もう何十年も前でしょうか、機能は美であると論じられた時期がありました。

勿論、機能が美である事は飛行機や船の形を見ても正しいと思います。

しかし、機能的なものが全て正しく美しいとは限りません。なぜなら機能的という言葉の中には、「便利さ」という言葉が含まれているからです。

建築デザインの分野では長い間、機能的や合理的、設備の充実に全力が投入されてきました。その結果合理化されたモダンなビルが数多く建てられました。その後ポストモダンの時代と呼ばれる流れが始まり、古い時代の持つ良さや、芸術や人間らしさ、自然なものが見直され、今までのものに修正や根本的改革を求められています。

合理的や機能的な事は大切な事ですが、これからは人間らしさや想像力、遊びといった個性や多様性なども合わせ持たなければならない時代がやって来たのです。

合理的、機能的、便利な事はオールマイティ、全て善である時代は過ぎ去ったのです。

そういった意味では、手間ヒマのかかる時代がやって来たのです。不便にする方がより美しく快適に暮らせる場合があるのです。

便利な事は全て善であり、正しい時代ではなくなったのです。

今までインテリアは便利さが最優先されました。

例えば、タンスなどは、すぐ手の届く所にあると非常に便利でした。しかし、今日新しい住宅ではタンスの機能は全て収納スペースに組み込まれて、影形が無くなってしまいました。

そうした変化が日常の中で生活の変化と共に数多く見られるようになりました。

また、洗面台のドライヤーは、コンセントに差し込んだまま置いておくと、いつでもすぐ使えるので大変便利です。しかし、ドライヤーが洗面台の上にあるよりは花が一輪飾ってある方がより美しい暮らし方だとは思いませんか。

面倒でもドライヤーは使う時に出すようにすればいいのです。

この考えはほんの些細な事ですが、良く考えてみると大変な改革につながる要素を持っているのです。大袈裟な言い方だと思われるかも知れませんが本当なのです。

なぜかといえば、今までの生活の仕方や仕事の仕方が根本的に変わる要素を持っているからです。

仕事の環境を考えてみると、根本的な要素は機能性・合理性・利便性が全てであり、美しくあるとか、楽しく仕事をするとかのコンセプトが全然なかったのです。

しかし人間は人生の中で一番重要な時間を仕事に捧げているのです。その職場環境が人間的で、楽しく美しい環境であって悪いはずがありません。だいいち発想が貧困になってしまいます。

勿論、この考え方は会社に限った事ではありません。個人にしてもどうすれば狭い部屋が広く美しく使えるか、少々の不便は我慢しても、美しく暮らす方がより快適な生活であると思います。

物がたくさんある事は便利な事ですが、収納スペース以上に物があるのは、汚く生活をする事だと考え、物を買う時は量より質を一番に考えて選択する時代になっています。

特に都心の地価は高いので、住空間程高くつく物がなくなってきたのです。そこで使う物より空間の方がはるかに価値が高いのが現実なのです。

便利であるという事より、不便で非効率で非生産的で非能率等の今まで悪とされてきた物への価値観の見直しが、全てに渡って必要になってきたのです。

美しくする事は不便にする事だと考え、少々の不便は我慢する事です。

■ (52) 逆も又真なり

●相反する理論が同時に存在する

「死中に活有り」「苦中楽有り」「忙中閑有り」「壺中天有り」「意中人有り」「大弁は訥《とつ》なるが如し」「禍を転じて福と為す」

本当にこれが正しい、基本だと思われる事柄には相反する正しい理論が同時に存在する場合が多いのに驚かされます。

アインシュタイン博士の相対性理論ではありませんが、相反する理論が同時にシンメトリーの様に両極にある、そういう一つの方式があるように思われてなりません。鏡に映った自分の顔が向こう側にあるように。

黒澤明監督の映画を観てみると、静と動というテーマが見事に生かされている事に気付きます。非常に静かなテンポから突然激しい場面が展開し、その対比の見事さに観客は圧倒されます。「天使のように大胆に、悪魔のように繊細に」。黒澤明監督の言葉ですが、映画作りではなく仕事という本質をついているように思います。

最初、企画立案する時は天使の様に自由に大胆に発想する。大まかな骨格が出来れば、次は重箱の隅をつつくように繊細な神経で念入りに進行する。そこに今迄にない新しい仕事が生まれるという事を簡潔に表現している言葉です。

絵画にしても音楽にしても、黒と白、明と暗というように正反対の物をコントロールする事によって素晴らしい成果を上げている場合が多い事に注目して頂きたいと思います。

一つの正しい理論が確立した場合、その事に満足せずに相反する理論が同時に存在しないかを検討する。そうする事によって未知の出来事を予想したり、発見する可能性がある事を常に忘れないで頂きたいと思います。

「逆も又真なり」というのは、「相反する理論が同時に存在する」という事であり、地球や宇宙の中に存在する物がシンメトリーで貫かれているのと同様に、一つのバランス感覚であるような気がするのですがどうでしょう。

また、一方向に流れ過ぎないように、片寄らないようにというバランス感覚である事には違いありません。もちろん、必ず相反する事が存在するわけではありません。

そうした場合が多い事に注意してくださいという事です。

何か良い事があれば、必ず悪い事が付随してついている。要はその事に気付く感性を持っているか、何か悪い事が起こった時、慎重に考えると必ず良い面もある事に気付くはずです。いくら捜しても見つからないのは、その人はまだまだ未熟だという事なのです。

神は決して苦しみだけをよこさない。苦しみには楽しみを必ずつけてよこす。逆に楽しみには苦しみを必ずつけてよこす。苦しみが大きいほど巡りくる楽しみも大きいものだ。

悲しみも喜びも、感動も、落胆も、つねに素直に味わうことが大事だ。

そこに、次の行動への足がかりもできれば、エネルギッシュな意欲も生まれるからである。体験することの中から自身で学びとり、力強く生きていこうではないか。

本田宗一郎　ホンダ自動車創業者

右記の通り、ホンダ自動車創業者の故本田宗一郎さんは苦しみが大きい程喜びも大きい事を身をもって体験されたのでしょう。

宇宙は黒（ダーク）に広がっています。そう、無限に広がっています。しかし星の無い宇宙には、そこに宇宙がある事さえ存在しないように映ります。

星が白く輝く事によってその大きさや奥行きの深さをうかがう事ができます。光のない真っ暗やみは無いのと同じですが、そこに一条の光が当たって初めて闇として存在を許されるのです。

黒と白は、白があって初めて黒と認定されるのです。白もまた真っ白だけの世界では、その存在を許されません。

人間と影にもよく似た関係が成り立ちます。想像を絶する挫折感や絶望・失望、そしてその中からその分だけ人にやさしくなれるように、初めて本当の「やさしさ」や「強じんさ」が生まれてきます。

鉄は熱され、幾度も幾度も金槌《かなづち》で打たれ強く鍛えられます。本当に強いものは、強さの中にあるのではなく、限り無く弱いものの中にある事を思い知るべきです。

(53) 0レベル

●人生における幸福と不幸の量はだいたい同じです

「その不幸には、必ずプラスの面がある」

どんなに善い事でも全て善いという事はありません。

「好事魔多し」と言うように、善い事が大きければ大きい程、その大きさに比例してマイナスの要素が必ず存在すると暗示しているのが「0レベル」なのです。

反対に悪い事に当てはめて考えると、悪い事が大きければ大きい程、プラスの要素も悪い事に比例して存在するのです。

例えば、何かでしくじって最悪の職場に左遷をされたとしましょう。

本人にとっては地獄かも知れませんが、その職場が最悪であればある程また昇進のチャンスでもあるのです。

なぜなら最悪の職場なのですからもう落ちる所がないのです。本当に頑張れば、こんなに目立つ場所もまた滅多にないのです。

というように最悪の隣にはいつも最良があるのです。

人は出世をすればお祝いを言いますが、それだけ自分の時間を犠牲にし、職責に見合う責任を負わなければならないのです。

不況の次には必ず好況があるのと同じように、常にプラスとマイナスは同時に存在するのです。要はその事に気付くか気付かないかだけの話なのです。

恋をすれば失恋もするでしょう。一度失恋をすれば恋愛に臆病になるのは誰しも同じだと思いますが、よく考えてみれば一度の恋も失恋も経験した事がない人生より、失恋でもした方が、しないよりましだと思いませんか。

人生の面白味というのは、その起伏が激しければ激しい程面白いのではないでしょうか。

私は臆病なので頭ではわかっていても、とても実行する勇気はありませんが、映画やドラマで観る分にはやはり起伏の激しい映画やドラマの方が面白いのは皆同じ意見だと思います。

冒険の無い人生ほどつまらないものはありません。

「０レベル」とは、良い事にも悪い事にも、幸福にも不幸にも、順境にも逆境にも必ずその反対側には相反する要素があると暗示しています。

「塞翁が馬」「逆もまた真なり」「バランス」等は、同じ考えの理論の延長線上にあり、少し表現を変えたものなのです。ですから良い事の裏には危険な罠が、悪い事の裏には必ず思ってもみない幸せが隠されているのです。

死という最悪の事態でさえ輪廻《りんね》というものがあって、生と死の狭間をくり返しているの

です。

人間に催眠術をかけ0才以下の記憶を辿れば、何世紀も前の遠く遥かな見知らぬ国の前世の記憶が時として蘇《よみがえ》るという、人間の科学をもってしても解き明かせぬ事実があるのです。

人生における不幸と幸福の量はだいたい同じなのです。0を起点として水面に映った影の様にシンメトリーに人生があるのです。

死を一つの起点として生まれたり死んだりを操り返す様に……。

五、健康

■

(54) ストレスの解消法

●趣味やそれにとってかわるものがないと人間はまともに生きて行けない

人は何事によらず、胸の中から忘れ切る事ができないで、終始それが気にかかるというようでは、そうそうたまったものではない。いわゆる※「坐忘」といって何事も忘れてしまって、胸中闊然として一物をとどめざる境界に至って、はじめて万事万境に応じて縦横自在の判断が出来るのだ。

勝海舟『氷川清話』（講談社）より

※坐忘《ざぼう》＝五体から力を抜き去り、一切の感覚を無くし、身も心も虚になりきった状態（虚心、無心の境地）

人はストレスが溜まるとどうなるのでしょう。

内臓器官、特に胃と神経は密接な関係にあり、ストレスがたまったり、嫌なことが続くと胃潰瘍《いかいよう》になったり、円形脱毛症や拒食症、逆に過食症、慢性肩こり症になったりします。

人間は仕事をし過ぎたり、悩んだり、嫌なことがあると必ずストレスが溜まるのです。

ですから最初からストレスは溜まるものだと覚悟してストレスを解消する正しい方法を自分流に持っていなければなりません。

例えばスポーツ・音楽鑑賞・釣り・映画鑑賞・カラオケ・模型・絵画・料理・読書・植木等何でもかまいません。要は自分の一番好きな事に時間を忘れて夢中になるという事が、ストレスを解消する一番良い方法なのです。

多忙で約束の時間に遅れてしまったという時、まず電話をかけてお詫びを言い、今度約束する時間は、できれば少し余裕を持つという事が大切です。

車を運転して行くのであれば一番好きな音楽でもかけながら運転する。イライラしていては事故の原因になりますし、胃の神経もたまったものではありません。

少し過労だな、胃に負担をかけているなと思ったら早めに食後に胃薬を飲む等の予防を心がける事が健康を保つ秘訣だと思います。

しかし自分が好きな事でも間違った方法で処理すると、とんでもない事になります。例えばお酒です。適度に飲んでいればいいのですが、ついつい飲みすぎて肝臓を駄目にしたり、アルコール中毒になったりしてしまいます。また、食べる事の好きな人は過食症になり肥満体になったりします。ですから少々過ぎても差し支えのない物を選んでください。そういった意味でも趣味を持つ事が一番良い方法だと思います。

たかが趣味がと思われますが、本当はこの社会で生きようと思えば、趣味を持つという

事は重要な意味を持っているのです。趣味がないとまともに生きて行けないと言っても過言ではありません。また、趣味を持つという事は老後の人生計画を非常に明るいものにします。仕事と趣味の理想的な比率は半分半分ですが、少なくとも7対3位の比率は必要だと思います。

また、スポーツはテニス、音楽鑑賞はクラシックというようにジャンル別にそれぞれ好きな物があり、それらが結果的に人生を豊かにし、仕事に役立ち健康にも役立つというふうに「一石三鳥」の役目を果たすのです。

できるだけ多くのジャンル別の趣味を持つという事は、その人の人間の幅を大きくするという意味で本当に大切な要素の一つだといえるでしょう。

皆さんもたかが趣味だと思わないで、一生の伴侶を捜すという真摯な気持ちでできるだけ早く自分に合った趣味を見つける事をおすすめします。

「悲しみや不幸や災難にあって、身も心も荒れ果てている時は、
何か作業を見つけて、頭も手足も休ませずに一心に打ち込むことだ」
デール・カーネギー　アメリカの教育者

■(55) 短期の無理はしなければならない 長期の無理はしてはならない

仕事でも何でもここ一番ヤマ場だという時間や季節は必ずあるものです。例えば食堂やレストランにおいては、昼食時にお客様でいっぱいになります。その時どれだけ頑張れるかがその店の繁盛するかしないかを決定するといえるのではないでしょうか。

ここだという勝負時は、どんな仕事にも必ずあるものです。その時できるだけの無理をしなければなりません。無理をした分だけ利益があるからです。

それは何も食堂やレストランに限った事ではありません。どんな職業にも家庭にも一番忙しい時間帯というのは必ずあるものです。その時どれだけ素早く仕事をさばくか、その仕込みをどうするか、その準備をどうするかにかかってきます。

一秒たりとも無駄に出来ない緊張の勝負時といえるでしょう。

しかし、そうした超多忙な時間が一日中続いたり、毎日だったらどうでしょう。神経がまいってしまい、身体がついて行きません。きっと病人が出たり、どこか悪くなるに決まっています。ゆっくりおちついて考える事も出来ません。

休憩も大切な仕事です。ましてや健康はもっと大切なものです。超多忙な時間が続く場合、人員を増やすか仕事を減らすかどちらかを選択すべきです。

「短期の無理はしなければならないが、長期の無理はしてはならない」

本当に単純な考えですが、基本だと思って「短期の無理」なのか「長期の無理」なのかできるだけ早く決断して手を打って頂きたいと思います。

■（56）短期は損得で判断し長期は正義で判断する

仕事をしている時、どういうふうに判断したらよいか迷う事柄が必ずあるものです。そういう時、何か判断基準というものが必要です。

「短期は損得で判断し、長期は正義で判断する」というのは、一つの判断基準だと思って頂きたいと思います。

短期は短い期間や事の重要度の比較的軽い事を表現しています。そういった比較的重要度の軽いものは安くする、利益を上げるという事を優先しなさいと教えています。

長期とは、長い目で見た場合という意味で重要度の高い事柄を指し、重要度の高い事柄は損得で判断するというよりも、時には利益を度外視して誰が考えてもそうした方が正しいという方向（ユーザー優先、人間性、社会性）へ解決の糸口を見つけなければなりません。

そうした意味で常々世論という正義感覚を身に付ける努力が必要でもあります。

何かトラブルが発生した時、これは短期的なのか長期的なのかを判断するのは、緊急を要する場合には特に難しいものです。日頃から短期、長期の判断を例をあげながら訓練する必要があります。

職種によっても色々変わると思いますが、**常日頃の準備がものをいいます。**特に「長期は正義で判断する」というのは含蓄《がんちく》の深い言葉ですので、思慮の深さと長い目で物を見る能力を養いなさいと教えています。

人の上に立つ判断基準だといえます。

六、失敗から学ぶ

(57) 転んでもただでは起きない

●踏まれても踏まれても雑草のように何かをつかんで起き上がる

「人間は死ぬ事はあっても、決して負ける事はない」
ヘミングウェイ著『老人と海』（新潮社）より

失敗をしないで生きる事は誰しも望む事ですが、どんなに賢い人でも失敗をしないで生きる事は不可能ではないでしょうか。

要はその失敗をどう生かすかによって、その人の人生が幸福になったり不幸になったりすると言っても過言ではないでしょう。

しかし同じ失敗を二度も三度も繰り返すというのでは、あまり褒められた話ではありません。

一度失敗したらその原因を徹底的に分析し、再度挑戦する。分析の結果が正しければ、今度は成功するでしょう。

そうして得た自信は何ものにも代えがたいその人自身の財産だといえるでしょう。なぜならその自信はどんな困難に出遭っても、失敗を恐れない人間に鍛え上げるからです。

人間形成の中で最も大切な事の一つに「血へどを吐くような苦労を経験させて頂く」と

いう事があります。本当の苦労を経験した事のない人に、人を指導する資格がないといっても間違いではないでしょう。

昔の諺で**「苦労は買ってでもせよ」**と言うではありませんか。

どんなにひどい目や辛い事に出遭っても、きっとあの人は何かをつかんで起き上がってくる。もしそんなふうに呼ばれるとしたら、それは男にとっても女にとっても最高の勲章だと私は思います。

踏まれても踏まれても雑草のようにたくましく「ネバーギブアップ」とつぶやきながら起ち上がっていく、その心を「転んでもただでは起きない」という言葉の中に込めたものなのです。

■（58）100％自分が悪い

●総ての事を許し どんなに相手が悪くても自分の方が悪いと考える

「100％自分が悪い」というのは、別に他人に「おべっか」を使ったり、謙虚になりなさいとかへり下りなさいという事ではありません。

自分が向上したいと思ったり、何か事を成そうと考えたら総ての事を許しなさいという考えなのです。

そうです、何か事を成そうと考えたら、それが高いところにあればある程、その成しとげる困難は比例して大きくなります。これは出来ない、これは難しい等と考えていては、決して達成する事は出来ません。いかなる条件、いかなる無理難題に対してもそれを是と考え、それをどう解決するかだけ考えるのです。

難しい条件、相手の性質の良し悪し、環境の悪さをあれこれ言ってみても始まりません。要は、**本当に実力のある人はどんな悪条件でもそれを解決する能力を持っているからです。**

勿論、神様ではないのですから総てを解決出来るわけではありません。絶対解決出来ない条件だとわかったら、その時点で素早く身を引く事です。

未熟な人に限って事がうまくいかないと、相手の性格や条件の悪さを強調します。

そうではないのです。自分の性格や考え方が間違っている事に気付かないのです。

どんなに相手が悪くても自分の方が悪いと考えれば、解決しようとする意欲も方法もおのずから浮かんできます。そうして数々の経験を積んでいるうちに、どんな条件、どんな相手に対しても臆する事なく、的確にどう対処すれば良いかだけが頭に浮かんでくるようになるのです。

どんな些細《ささい》な失敗でも、原因が相手にあった場合でも、自分が悪いと考え、どうすれば失敗を防げたかを考え反省するのです。

この人は約束を守る人かどうか、日常の行動や時間に対する正確さを見る等、人間に対する評価基準を日頃から訓練しなければなりません。

人間は些細な事から言葉や行動でその人自身を表現しているものなのです。

人間を見る目を養う事はどんな場合にも大切な事で、事を成功させようと思えばおのずと相手や環境条件によって方法が違ってくるのが当たり前の事なのです。

■(59) どんな条件でも受け入れる

●出来ない条件を考える前にどうすれば出来るかを考える

日本の経済がここまで発展してきたのは、どんな条件でも受け入れてきたからです。そんな馬鹿な、どんな条件でも受け入れる事等不可能だと考えるのが本当は常識だと思います。

ところが競争が激しい社会や業界では、常識にとらわれていると競争に負けて消えて行く運命になるのです。

自然界と同じく弱肉強食の世界である事には変わりがないのです。そして、それが正常な発展と健全な経済状態である事にも変わりがありません。競争をどこかで阻害すると必ず悪い反動が現われるのです。

自由な競争こそが資本主義の特徴だと思います。勿論、資本主義にも悪いところは沢山ありますが、現在のところ資本主義以上の長所を持ったものがないのです。きっと歴史が最良の道を選んでくれるでしょう。

競争の原理（競い合う）が困難な条件を克服する原動力だと言いたかったのです。

例えば車の鉄板ですが、昔の車のイメージから考えると夢のようなデザインが当り前のようになっていますが、そうなるまでの過程を考えると不可能を可能にする実験台といっても過言ではない血の滲《にじ》むような努力の結晶なのです。

今迄以上に薄く軽く、しかも強く錆びず、早く、そしてコスト的にも安く、しかも変形が容易など常識ではとても考えられないような要求に応えてきたからです。

勿論、外形の鉄板だけでなく、車自体にもコンピュータ機能が取り入れられ、といったふうに現在も不可能に挑戦し続けているのです。遠からず近い将来ＥＶの自動運転車が街中を走り回っているでしょう。

何も自動車業界だけに限った事ではありません。日本の全ての有力企業の大部分は、多かれ少なかれ不可能を可能にしてきたと断言しても間違っていないと思います。

競争とはかくも厳しいものなのです。だから、とかく「こんな条件ではとてもやっていけない」と考える前に、「どんな条件でも受け入れる」という言葉を思い出し一度挑戦してみましょう。

「駄目でもともと」というふうに勇気を出して頂きたいと思います。

■（60）注意されて感謝する

●欠点を指摘されて謙虚に反省し感謝する

人間は自分の欠点を指摘されると、正直あまり気持ちのいいものではありません。しかし、よく考えると自分の悪い所を指摘されるという事は、本当は有難い事なのではないでしょうか。

欠点を自分では気が付いていても、直す事が出来ないので、気が付かない振りをしているに過ぎません。**本当は、一番自分の事を知っているのは自分なのですから、自分の事には寛大になるのが人間の常なのです。**

そこの痛い所を急に突かれると、眠っている時に急に頭を殴られるようなもので、怒らない方が不思議なくらいです。私も実は欠点を指摘されると今でも「ムッ」とし、頭に血がのぼります。

でもそれからが肝心です。ちょっと待てよ、とそこで少し間を置くのです。

自分を鍛えようと志している人間にとって欠点を指摘されるというのは、絶好の好機なのです。面と向かって悪口を言ってくれる人は、その人にとってかけがえのない恩人なのです。どんな些細な事、嫌いな人からでも学ぼうという姿勢があれば、その事、その人は先生だと思います。

謙虚に反省し、直す努力をするという事が大切だと思います。どんな事からでも自分を鍛える事の出来る人にとっては、注意される事はかけがえのない有難い事なのです。反省のない人生は、進歩のない人生と同じです。向上しようと思えば必ず痛みが伴います。自分を向上させるという事は、そんな簡単なものではないからです。

「良薬は口に苦《にが》し」と言うように、何からでもどんな些細な事からでも貪欲に、見栄もプライドもなく自分を修繕する事です。

人間は生まれながらにして「男」でも「女」でもないのです。血の滲《にじ》むような経験の中から男や女になっていくのです。

仕事に置きかえれば、お客様からの苦情はどんな些細な事でも真剣に考え、改善出来るものはすぐに改善し、その事をお客様に報告するという謙虚な態度が最も大切な事だと思います。

「注意され感謝する」という事は、欠点を指摘されて謙虚に反省し感謝するのか、反対に怒るかでその人の価値は決まってしまうという事を教えているのです。

■(61)失くした時に初めてその価値を知る

●本当に大切な人や物が失くならないように…

余りに大きな存在で、本当に大切な人や物はその価値が大きければ大きい程見えないものです。

地球が丸い等、余りに大き過ぎて見えないのに似ています。

例えば空気はどうでしょう。空気がなくなれば人間は生きて行けません。しかし、空気は有難い事に沢山あるので「空気を大切にしよう」と真剣に考えている人はごく僅かで、無視されているのが現実ではないでしょうか。

地球上の物は全て有限なのです。粗末に扱うと必ずそのしっぺ返しがある事を覚悟しなければなりません。

空気の源である森や木を人間は毎日地球上から失くしています。反面、工場や自動車から大量の二酸化炭素を排出し続けています。

水も同じです。水なくしては一日も人間は生きていけません。水も大量にあるので、空気同様、川や海や湖を汚染から真剣に守ろうとはしていません。

空気や水は豊富だと過信して、その大切さを忘れているのではないでしょうか。

石油も同じ事で枯渇するのは時間の問題なのです。

日本の新聞やマスコミにも責任があります。自由主義経済の中で新聞が果たす役割が本当に大きいのに場当り的な記事が多く、責任を持って政治を正そうとしているようには見えません。

消費者にこびては、マスコミや新聞の責任は果たせないからです。

親や肉親を失くした時、初めて人はその存在の大きかった事に打ちひしがれます。親を失くしてその哀しみの大きさを味わわない人はいません。

「失くした時に初めてその価値を知る」というのは、本当に大切な人や物がなくならない前にその価値を知り、後悔しないように大切にしなさいと戒めています。

七、修羅場（困難に出遭った時）

■（62）追いつめられると、試されている

●追いつめられた時こそ本当にその人の実力がわかる

長い人生の間には時としてどうしようもなく絶望し、死んでしまいたいと思うような事に一度や二度は必ず出遭うものです。

悪い時には悪い事が重なるもので、ますます自信を失くし、もう後がない絶体絶命のピンチだと精神的に負けてしまう事が多いようです。

ではそんな時どう考えればいいのでしょう。

そういう時誰かもっと大きな存在の人がいて、はるか高い所からその人をじっと見ていると考えるのです。

獅子は自分の子を谷底に落とし、はい上がってきた子だけを育てるといいます。

昔から自然の法則は厳しく、残酷で弱肉強食の世界から成り立っているのです。

そうして自然界のバランスが保たれているのも事実なのです。

ここ一番という時踏ん張れない人は、競争社会では陽の目を見る事はできません。体力だけでなく精神的強さを試されているのです。

辛抱に辛抱を重ね、もうどうしようもないといった時、私は破れかぶれでどこかで自分を見つめているであろう人に笑うようにしています。そして「これ以上私をいじめたけれ

ば、命でも何でもご勝手に」と開き直る事にしています。

もちろん、見栄も欲も捨ててやる事だけはやってやるといった心境です。そうするとどうでしょう、いつのまにか今まであった大きな壁が徐々に崩れていくではありませんか。**その時初めて人は自分が試されていた事に気付くのです。**

「追いつめられると、試されている」という言葉は、こんなに厳しい内容を持っているのです。**人は一生の間に幾度もその精神を試され、自立した人間であるかどうかをふるいにかけられるのです。人間にははかり知れない程大きな存在がある事に人はいつか気付くでしょう。**

いざという時、どれだけ冷静沈着に行動出来るか、普段からの覚悟を決めた生き方が試されます

「自分の能力を遥かに超えることを求められる環境に身を置いた時に、初めて人間は成長していく」

鍵山秀三郎　イエローハット創業者

■（63）時に至って冷静であるか

●いざという時どれだけ冷静沈着に行動出来るか普段からの覚悟を決めた生き方が試されます

ワイアットアープといえば西部劇で御馴染みのあの「ＯＫ牧場の決闘」で有名な保安官ですが、彼は実在の人物でガンマンとしては希な天命をまっとうした人です。

彼は伝記の中で、左記通り語っています。

> 「いざ決闘という時になって、本当は早射ちという事はあまり関係がない。命がかかっているわけだから闇雲に早く射とうとするけれど、焦れば焦る程うまく命中しないものです。一番重要な事は冷静であるか、その一点だ」

昔読んだので、このままではなかったかもしれませんが、大体はこういう内容だったと思います。

生死がかかっているわけですから、冷静でいろというのが本当は無理だと思います。しかし、彼が生き残ったという事はどんな危機に直面しても冷静沈着に行動出来たという事実がそれを証明しています。

例えば、夜寝ている時火事になったとします。あなたはどう行動するのでしょう。

気が動転してしまってパジャマのまま飛び出すのでしょうか。火事の規模は、早さは、消防署への連絡は、家族は、初期の消火作業は可能か、貴重品はと次々にものの見事に的確に行動出来るでしょうか。

いざという時、どれだけ冷静沈着に即座に判断し行動出来るかは、「人間の正念場」といえるでしょう。

予期せぬ出来事など誰も経験したくはありませんが、事故や災害やトラブルというのは常に突然やって来るものです。その時どれだけ冷静沈着でいられるかという事は、**そういった修羅場を何回も経験しなければ難しい問題なのです。**

しかし方法はあります。

(1)常に問題意識を持ちなさいという事です。

車を運転するならどういった事故が一番多いのか、また天候はどうか、車の状態は、といった基本的な事が数多くあるはずです。そして万一事故になった場合の対応の仕方等も事前に知識を頭に叩き込んでおくのです。そうした事を一つのマニュアルにして持つというのも重要な事でしょう。

要するに車を運転するなら、運転をする場合の注意事項（交通事故）を事前に勉強しておきなさいという事です。

(2)覚悟を決めるという事です。

「光陰矢の如し」と言われるように、人生に対する生き方、考え方がいざという時試されるのです。往生ぎわが悪いとその時の状態にもよりますが、最悪の場合は命を落とすことさえあるのです。

「身を捨ててこそ浮かぶ瀬もあれ」という諺があるように、いざという時、「死のう」と覚悟を決めてかかる、そうすれば肚《はら》が決まり、冷静になり、命を落とすところを危うく助かったという事になるのです。

「時に致って冷静であるか」というのは、いざという時の心の備えと、生きるという事の肝の座り方を常日頃から鍛えておきなさいと教えています。

いつ死んでも悔いない位の思いで今日一日を精一杯に生きる、原点はそこにあるようです。

■

(64) 捨てる

●「死中活有り」命を捨てる覚悟で臨んで初めて活路が開ける

その昔、上杉謙信は有名な「川中島」の戦いにのぞみ、兵士にこうげきを飛ばしました。「生きようと思えば死に、死のうと思えば生きる、命を捨てる覚悟で臨め」と。ここ一番という時、命を捨てる覚悟で臨んで初めて活路が開ける事を暗示しています。

何かを捨てなければ、得る事は出来ません。失うものがあって初めて得るものがあるのです。では私達は何を捨てればいいのでしょう。

現代は膨大な情報量と、膨大な物量に満ち溢れた時代であると言って間違いはないと思います。激しく変化を続ける時代にあって、増え続ける仕事の量は日増しに多くなるばかりです。だからといって仕事の量を無制限に増やし続けるわけにはいきません。時間にも、人にも限りがあるからです。

一方で増え続けるわけですから、理屈としては一方では減らし続けなければなりません。

両手で物をかかえていて次の物を取ろうと思えば、どちらかを捨てなければ次の物が取れません。

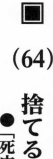

当たり前の事なのですが、実情はとなるとそううまくはいかないようです。どうしても今持っているものを捨てるのが惜しくなってしまったり、考え方に固執してしまうのです。捨てなければ伸びられない、簡単な事なのですがいざ実行となると出来ないのでは困った事です。結果、組織はやがて硬直（マンネリ化）し、肥大化し堕落するのです。

「身を捨ててこそ浮かぶ瀬もあれ」というのは、いざという時自分の保身ばかり考えていては結局身を誤まってしまうという事ですが、思いきって身命を捨てる覚悟で臨めば、自然と道は開けてくると教えています。

捨てる時に何を残し、何を捨てるかといった選択も重要なポイントになります。どうしても残したいと思う物は、他の物とくっつけてしまうというやり方もあります。

六ヵ月、一年経って何も変わった事がないというのでは、向上心がないと判断されても仕方がないと思います。

「捨てる」という事は、勿論物を粗末にしなさいという事ではなく、仕事のやり方や、主に考え方について述べているので間違わないで頂きたいと思います。

■（65）決して事実から逃げない

●自分の欠点や悪い性格が　成長の原点である

人間というものは嫌な事や自分の欠点、失敗にはできるだけ触れたくないし、避けて通りたいものです。

でも、いつまで避けて通るのでしょう。

一生自分の嫌な事には蓋《ふた》をしてそれでやっていけるとでもいうのでしょうか。自分の影からいくら逃げようと思っても、影は一生離れるわけがないのと同じです。

だからこそどこかで自分に対決しないと、一生ウジウジした人生を歩まなければなりません。嫌な事、欠点、失敗等々は自分の最も自分らしい部分が原因で生まれる事ばかりです。外科医が手術をするように情容赦なくどんどん患部を切り開き、悪い所を切り取ったり、縫ったりしなければなりません。

自分を他人だと思って思いきりよく根本を正すべきなのです。決して痛いからといって手を緩めたり手加減をしない事です。中途半端にやると、また最初から手術をしなければなりません。

後悔しないようにやる時は思いきってやる、これが自分を修理する時のコツです。

結果が思わしくない時や失敗した時、一切の私情を捨てて根こそぎ事実をこれでもか、これでもかとつきつけなければなりません。
本当に厳しい事ですが、しかし、何回も言うようにいつか自分に決着をつけないと事態は悪化するばかりで治しようがなくなる場合さえあるのです。

「事実」というのは教師であり、基本であり、根本であり、出発点でもあるのです。一生、生きている間は真実や事実からは逃げられません。そう覚悟すれば、それがかえって自分を成長させる原点である事にいつか気付くのです。

欠点や失敗の原因を徹底的に追求し、分析し、全力を投入して一つ一つ解決する。自分で解決出来ない時は他人に助けてもらえばよいのです。自分をいつも冷静に見つめ直す事は、人間の根本なのです。

「決して事実から逃げない」というのは、事実から逃げる事は自分から逃げる事であり、自分から逃げる事は死んでしまわない限り不可能な事という意味なのです。

勇気を出して不退転の決意で自分と対決して頂きたいと思います。

■（66）最悪の場合を考える

●備えあれば憂いなし

「転ばぬ先の杖」
※失敗しない様に、前もって注意を払えという警句。
「備えあれば憂いなし」
※攻撃などに対する守りの準備。またはその態勢。防御。

何か物事をしようと思う時、それは成功を前提とするのが当たり前なので、色々成功した時の夢が頭に浮かぶものです。またそれが原動力となって苦しい事や辛い事に耐えていけるのだと思います。

しかし、残念ながら物事は必ず成功するとは限りません。どちらかといえば、失敗する方が多いのが世の中の常だといえるのではないでしょうか。

「転ばぬ先の杖」ではありませんが、やはり失敗した時の事も考えておかなければなりません。いや考えておくだけでは駄目で、成功した時の計画以上に失敗した時の計画も綿密に立てなければなりません。

最悪の場合を常に考えておくというのは、いざという時の人間の知恵なのです。

最悪の場合を腹に入れておけば、少々の成功で浮かれる事もなく行動も慎重になるものです。勿論、最悪の場合にもうろたえたりする事がありません。

困る前に逃げ道を作っておくというのは、例えば資金を全て計画に注ぎ込まず、失敗した時の最低の余力（資金）を残しておく、例えば入試の時にスベリ止めなる予備を置くように。

「備えあれば憂いなし」と昔から最悪の場合に備えた諺が数多くあるように、昔から最悪の場合の備えについての必要性を説いています。

最悪の場合に備えるというのは、何も仕事に限った事ではありません。どんな事にでも応用可能です。

恋愛にも応用出来ますか、という御質問には残念ながらお答えする事は出来ませんが。

例えば家を新築した場合、火災保険に入るのも最悪に備える一つの方法だと思います。

私の母親が死んだ時、私は片っ端からおふくろの荷物を探しました。入院するとすぐおふくろは口も利けなくなり、私に何一つ言い残す事もなくこの世を去ったのです。何か書き残してくれた物があるのではないか、そう願ったのです。

結局書き残した物は出てきませんでした。最悪の場合を考えて何かして欲しい事はなかったのか、遺書みたいな物でもあれば随分と気持ちが楽になるというか救われたのですが。これも最悪の場合を考えておく一つの例だと思います。

「最悪の場合を考えておく」というのは、成功した時の計画だけでは片手落ちだと思うのです。当然失敗する場合もあるのですから、失敗した時の計画やそうならない為の知恵を自分一人ではなくできるだけその道のベテランに教えを乞いなさいと諭した言葉なのです。

問題なのは失敗した場合の事を考えると怖くなり、物事を大胆に出来なくなる点なのですが、その気持ちを乗り越えて勇気を持って果敢に挑戦してもらいたいのです。

決して消極的にならないで頂きたいと思います。要は考え過ぎて何もしないのではなく、考え過ぎて断固行うというのが大切なのです。

■（67）悪い時には悪い事が重なる

●悪い時には悪あがきをせず基本をたたく（根幹・体幹）

長い人生の間には運不運というものがやはりあるように思います。何か迷信じみているようですが、有名なものに昔から厄《やく》というのがあって、丁度人間の一つの節目みたいなものに当たっているので、気を付けないと大病になったり、大失敗をしたりかけがえのないものを失くしたりという事が起こるそうです。

私はもともとそういったものは全く信じない方ですが、悪い事が度重なるとやはり気になるものです。

人間には体調の悪い時も、ツキが失くなっている時も色々な悪い要素がつい重なってしまう時があるものです。

そんな時には何をしてもいやになる程うまくいかないものです。性格の強い人は、「何くそ」と向かって行くので穴は大きくなるばかりです。

普通の時には味方をしてくれる強い性格も、悪い時には逆に働いてしまうものです。悪い時にはその人の運も落ちているし、気力も弱くなっているので、益々悪い事が重なるものです。

非科学的かもしれませんが、世の中には科学や理屈だけでわりきれない事が沢山あるものです。信じ過ぎるのも問題ですが、かたくなに排除するのも賢い人のやり方ではないように思います。

「自然体」のように流れに逆らわず漂う事が肝要です。「悪い時には悪い事が重なる」というのは、悪い時には悪あがきをせず、できるだけ動かず、嵐が頭の上を通り過ぎるのを待ちなさいと諭しています。

普段出来ない事が山ほどあるものです。定期検診を受けたり、スポーツに熱中する等、特に健康に留意するのが賢明な在り方だと思います。

悪い時に強くなると言われるように、悪い事が重なる時には新規の事業を始めるより、基礎を固める事に専念して頂きたいと思います。基本にもどり土台を鍛え直す絶好の機会でもあるのです。

また、反対に「好事魔多し」という諺があります。余りに全てが順調にいっている時は、落とし穴は大きく深い場合が多いようです。

調子に乗って気が浮ついている場合が多いので、普通ならちょっとしたケガで済むものが大ケガをする事になるのです。

余りに問題が多過ぎるのも考えものですが、順調過ぎるというのもまた考えものなのです。順調過ぎる時には「好事魔多し」という言葉を思い出して慎重に行動するという心構えを忘れないで頂きたいと思います。

「舟覆《ふねくつがえ》りてすなわち善《よ》く游《およ》ぐを見、馬奔《うまはし》りてすなわち良《よ》く御《ぎょ》するを見る」

中国、前漢時代の哲学書『淮南子』

※船がひっくり返った時に初めて泳ぎの達者な人かどうかがわかる。馬が暴走した時に初めて乗りこなす術を心得ている人間かどうかがわかる。

（ピンチに陥った時に初めてその真価が表れる）

■（68）善循環と悪循環

●善循環にある時は謙虚で素直に驕る事がないよう悪循環にある時は問題の核心を探し出し大手術をする

不朽の名作である「赤毛のアン」の主人公アンは、幼い時に両親に死に別れ、孤児院と養家との間を転々とする毎日でしたが、その不幸を得意の想像力で克服し、暗い運命でありながら明るく聡明な性格は次第に周りの人々からも愛されるようになり、過去の不幸が反対に強さとなり本当に幸福な人生を送るようになるのですが……。

不幸なアンの幼年期は最悪の「悪循環」にあったため、感性豊かな想像力も理解されず「悪い時には悪い事が重なる」ように、これでもかこれでもかと幼ないアンに不幸が襲いかかりますが、それに耐え、辛抱し、不幸に打ち負かされなかった強い意思が次第に「善循環」への道を拓いたのだと思います。

不幸に育ったから不幸になるのではなく、不幸に生まれた人は幸福に生まれた人以上に幸福になる権利があるのです。そのためには「善循環」という意味を深く理解しなければなりません。

大変流行っている食堂があるとします。でも人手が足りなくて病気になっても簡単に休めません。休む事が出来ないので益々疲労がたまり、ちょっとした事でもすぐ険悪な状況になり、仲間の欠点ばかり話題になります。

そんな雰囲気はお客さんにすぐ伝わるもので、自然と客足が遠のきせっかく流行っていた店が段々寂れていき、腕のいい板前さんも辞めていくというふうに、一つの無理が段々「悪循環」になって、終いには店を閉めざるを得ない事になってしまうのです。

「悪循環」は病気に例えれば「ガン」のようなものです。早期に発見し手術をすれば治る場合が多いのですが、他の場所へ転移しだすと手がつけられなくなります。

どんな問題や事柄にもこの「善循環」と「悪循環」という考え方は当てはまります。そして、どんどん成長している人や企業を見ればそれがよくわかります。

社会に有益である人や企業は、外から見ていてもすぐわかるものです。人気があるから良い人が集まり、良い人が集まるから売上も利益も出るというふうに、益々「善循環」となって発展するのです。

しかし、油断をして大変重要な事で失敗をしても気付かないでいると、段々「悪循環」に入っていきます。

「善循環」も「悪循環」も渦のようなもので、それ自体一つの勢いを持っているので早目に処置をしないと大変な事になってしまうのです。

「悪い時には悪い事が重なる」というのも、実は「悪循環」に入った状態の事をいうのです。

また、小さな失敗でもつい気を許して平気で見逃したりしていると、いつの間にか「善循環」から「悪循環」に気が付いたら変わっている場合が多いのです。

良い友達（良い得意先）を持つというのは「善循環」の大切な要素です。悪い友達を持つと悪い遊びを覚え、悪い友達には悪い人が集まって、どんなに良い人でも段々悪い道へ入って行き、終いには悪の道しか歩めないようになるのです。

人生にも仕事にも「善循環」と「悪循環」があると思い、「善循環」にある時は、謙虚で素直に反省し驕る事がないように、「悪循環」にある時は、問題の核心を探し出し勇気を持って大手術を行って頂きたいと思います。

誰が見ても真面目な人がちょっとしたきっかけで悪の道に入って行くのは、この「悪循環」という渦の中に入ってしまい、悪い方にしか考え方ができなくなってしまうからです。

自分の現在は「善循環」にあるのか、「悪循環」にあるのかを常に客観的に見定めなければなりません。

■

(69) 全ては変化する

●変化こそ唯一の永遠である

「盛者必衰《じょうしゃひっすい》の理《ことわり》なり」

「賢者は歴史に学び、愚者は体験に学ぶ」

変化する時代にあって、変化し続けなければならない事と、決してぶれない、変えてはならないものがある事もここに明記したいと思います。

「盛者必衰の理なり」今日栄えた者は明日滅びる。時代というのは川の流れと同じでいつも流れ動いているものです。川幅の広い所へ来て流れが緩やかになり漂《ただよ》っているように見えても実は緩やかですが流れているものです。

時代というのもある時期だけをとらえると止まっているように見えて、実は確実に動いているのです。「時代は常に変化する」と考え、時代の流れる方向を常に見定めるという観察を続けなければなりません。

時代の流れに従って生きる事が賢明な生き方であると思います。時代の流れが読めなくなった時は、潔《いさぎよ》く身を退く覚悟が大切ではないでしょうか。

昔、盛んだった企業も人も必ず時代の前には衰えるという事を考えて頂きたいと思います。まして怠れば結果は明らかなのです。

人間に寿命があるように、会社にも商品にも考え方にも全てに寿命がある事を知って変化に対応し続けなければなりません。

時代が変化し続けるわけですから当然個人も変化し続けて当たり前だという事に早く気付くべきなのです。

ではどうすれば時代の変化を読むのかといえば、定点観測を持つ事だと思います。

新聞はどこ、雑誌はどこそこ、というようにＴＶ・音楽・あらゆる分野の定点観測を生活の一部の中に組み入れるのです。

あくまで全体からつかむ、それが時代の流れを読む「コツ」だと思い、情報・知識にはお金と時間を惜しまないで頂きたいと思います。

> 「歴史の中に未来の秘密がある。我々は、我々の歴史の中に、我々の未来の秘密が横たわっているという事を本能的に知る。変化こそ唯一の永遠である」
>
> 岡倉天心　明治時代の思想家

八、仕　事

■（70）一石三鳥

●一石三鳥を自分の物にすると強力な武器になる

「一石二鳥」とは一つの石を投げて二羽の鳥を落とす意味です。

ここで言う「一石三鳥」は、さらに三羽も四羽も落としてしまおうという意なのです。

ここで一番難しいのは「石」とは何かという事です。「石」は色々な事に当てはめて考える事ができます。時には技術の場合、商品の場合、戦略戦術の場合、考え方等応用範囲はそれこそ一杯あると思います。

大切な事はそれらの「石」がどれだけ物事の急所や要点を的確に捉えているかという事です。これだけはどうしてもやらなければならない、こんな商品がどうしても欲しい、という事が身の周りにいくらでもあると思います。その中に「一石三鳥」と思われる「石」が隠されているのです。

> 本当に的を射《い》た「石」はその波及効果は善循環となって、色々今まであった諸問題までついでに解決する場合が多いのです。本当に正しく素晴らしいアイデアにあふれたハードやソフトは、最初の目的はもちろんの事、長年懸案になっていた諸問題等をいとも簡単に解決するという良い要素を合わせ持っているのです。

だから本当に正しいと信じたら勇気を持って断固行うという態度が必要なのです。

逆に考えると、正しい「石」は色々複数の利点を持っているので、複数の利点を持たない「石」は偽物である場合が多いのです。本物であると思いたい気持ちは分かりますが。

例えば皆さんの家庭の中にあるＴＶにはどんな便利さがあるか考えてみましょう。たった一台のＴＶが（ニュース・情報・ドラマ・教育・スポーツ・芸術・映画・劇場・歌・踊り・ファッション等）数えればきりがない位多くの情報を提供してくれます。ですからＴＶの普及率、その市場は膨大であるのです。

たった一台のＴＶがこれだけ数多くの要素を持っている事は驚異に値する事です。

車にしてもそうです。交通手段としての車は他の交通機関と比較すると格段優れた数多くの利便性を持っています。だからこそ今日のような普及が可能だったのです。

一つのヒット商品が会社を興し、会社を飛躍的に発展させる等という例は数え上げればきりがないくらいです。

物（ハード）だけでなく思考・技術（ソフト）にも同じ事がいえます。「一石三鳥」を自分の物にする事が出来ると強力な武器にもなるのです。

■（71）仕事に遊ぶ

●仕事をする上での最高の境地

「私は仕事をしているとくつろげる。何もしていなかったり、訪問客の相手をしていたりすると疲れる」

パブロ・ピカソ　画家

新聞を読むのが好きな人は最初から新聞が好きだったのでしょうか。きっとそうではないと思います。

世の中の流れや情報を知る為に、勉強の為に、どちらかといえば無理矢理新聞を読み始めた場合が多いのではないでしょうか。それが長い間努力をしている内に、次第に読む事が楽しくなり、最後には新聞が来るのを待ちわびるようにまでなってしまうのはなぜでしょうか。

新聞を読む事と「仕事に遊ぶ」事とは、根本的に何ら関係はありませんが、その経緯が似ているので例えにしてみました。

仕事の場合も最初はどちらかといえば生活を支える為の義務でもあるわけですが、その熟練度、努力次第では仕事が楽しくて仕方がないようになってしまうのです。

実際には自分の好きな仕事だけをするというわけではなく、色々な雑用や嫌いな仕事もやらなければならないので、そんなにうまく「仕事に遊ぶ」というわけにはいかないだろうと思いますが、仕事をするのが楽しくて仕方がない、夢中になって時の経つのも忘れてしまう程好きだという事になれば、どんなに人生は楽しいでしょう。仕事をするのが楽しくて仕方がないのですから、ストレスも溜まらないし、苦労しているという事もない。

反対に難しい方がかえって闘志が湧いて益々やりがいがある。遊んでいる時も、散歩している時も、寝ながらＴＶを観ている時も無意識の内に全ての事からヒントを見つけてしまう。「問題意識」が常に頭にあるので、眠っている時でも無意識の内に考えている。人と話をしていても、おかしいなぁと思ったら頭の別の部分に無意識にインプットされて、その問題について知らず知らずの間に考えているというように「仕事に遊ぶ」とは、仕事をする場合の最高の境地を表現したものなのです。

どんなに一所懸命仕事をする人でも、その仕事が好きだという人にはかなわない。
どんなに仕事が好きな人でも、その仕事を楽しむ人にはかなわない。
どんなに仕事を楽しむ人でも、その仕事に遊ぶ人には遠く及ばない。

■（72）現場主義

●「ボトムアップ」といって消費者に一番近い現場の人が色々な施策を経営に反映させる

犯罪捜査の原点は、犯行現場にあるそうです。

犯罪を犯す人に共通している事は、犯行の時、その人の手口というものがあって、同じ事を繰り返す癖があるそうです。ですから初動捜査と現場検証は非常に重要であるのです。犯行現場は犯罪が行われた唯一の場所であるので、捜査に行き詰まると刑事は何回も現場に足を運ぶそうです。

なぜ犯罪捜査の話をしたのかといえば、犯罪捜査の「現場が原点」という基本と、仕事における基本とが同じだったからです。

この犯罪捜査と仕事における基本が同じだったというのは、実は偶然ではないのです。**どんな職業でも「現場が原点」というのは共通の基本なのです。**

なぜなら「現場が原点」というのは、分かりやすくいうと「ユーザー（消費者）指向」に他ならないからです。どんなに素晴らしいアイデアや商品も、消費者の視点なしではその存在理由がないからです。

商品が世の中に無いか乏しい時代には、企業の論理で商品が作られましたが、市場が成熟した今日、消費者の嗜好《しこう》を無視して企業は存在しません。市場が成熟する以前でも、消費者が原点である事には変わりがないのですが、ウエートが全然違っていたのです。

仕事をしていく上で生じる色々な問題の解決法のヒントが、現場即ち消費者との接点にあると考えるのは重要な基本であると思います。

過去における優秀な経営者は、例外なくこの「現場主義」「消費者指向」を仕事上の基本にしていた事は当たり前であると思います。

少しオーバーになりましたが、実はそれ程重要な基本であると説明したかったのです。消費動向を無視して仕事は成り立ちませんし、消費者と接点を持つ現場の人の意見を無視してどんな施策も成功をおさめた試しがないといえるでしょう。

経営には「トップダウン」といって、社長が色々な施策を粗織の下部に伝達する経営形態と、「ボトムアップ」といって、消費者に一番近い現場の人が色々な施策を組織のトップに提言し経営する形態があります。

「現場主義」というのは、「ボトムアップ」の経営形態の長所を説明したもので、現場の人達の優秀さが必要なのは言うまでもありませんが、現場が強力であるという事は経営における最も大切な条件だと思います。

勿論、現場だけではとても考えられない問題も数多くありますが、しかし結果的には現場で、その問題の正解を立証しなければならないのです。

■ (73) 実践

●実際の事（現場）で試し磨く

本を読み、人の話を聞くだけではなかなか生きた知恵が身につきません。学んだものをしっかりと身につける為には、それと並行して「事上磨錬《じじょうまれん》」（実際の事で試し磨く）で自分を鍛え、身体で憶える「実践」を伴わない知識は、所詮付焼刃にすぎません。「実践」中で磨かれてこそ知識も知恵も本物になるのです。

守屋洋著　中国古典『一日一言』（三笠書房）より

有名な大学の経済学部を出て、優秀な成績を修めた人が必ず立派な経営者になるかといえば、残念ながらそうではありません。

反対に落ちこぼれ人間やろくに学校も出ていない人に立志伝中の人物が多いようです。勿論、昔と今では随分と時代が違うのですが、それでも順風満帆で人生を歩んだ何の苦労も知らない人より、極限状態の苦労を体験した人物の方が人の上に立つ資格があるのは理屈にかなっているのではないでしょうか。

他人の気持ちや痛みが理解出来ないで、どうして衆知を集めたり人気を得る事が出来るでしょう。どんなに実力のある人でも人気（他人の気持ちをつかむ）が無ければ誰も助けてくれません。

所詮人間一人で出来る事などたかがしれているからです。

本当に実力のあるという人は、知識や机上の論文をそのままうのみにせずに現場で実際に試してみて、何度も何度も失敗を重ね磨き上げなければならない事を百も承知している人なのです。

本当に実行してみる事によって知識は重さや色彩、それに匂いまで持つようになり、写真や絵のように平面で感じるのではなく、例えばメロンを写真で見るのと、実際のメロンを手に持ったり食べたりするのとでは随分理解度が違うのが当たり前のように、物体として生き物として理解出来るようになるのです。

そこで初めて長所、特に欠陥部分に気が付くのです。物事には必ず長所があれば短所もあるのです。長所だけ、短所だけというのは滅多にありません。

人間に例えてみればわかるように、長所のみの人間なんているはずがないではありませんか。

「実践」とは、正しい知識や机上論が必ずそのまま実際に当てはめられない事を教えています。

知識や机上論は基本ではあっても、応用し、変えなければ使えません。時代は刻一刻と動いているのです。昨日使えたからといって明日また使えるとは限らないからです。条件や環境が違ってくるからです。どの方法が支持され、支持されないかが知識の正しさよりも優先されたり、間違った方向でもとりあえず走り出さなければ、何よりもスピードが優先される事が時にはあるのです。臨機応変に対応出来なければ、現実にはついていけないのです。

現場は生き物だと昔から言うではありませんか。

■（74）詰めが大切

●最後の詰めの大切さ難しさを教えています

「百里を行く者は九十里を半ばとす」

「詰めが大切」というのは別に仕事に限った事ではなく、何にでもあてはめて考える事ができます。

例えば絵にあてはめて考えてみますと、「画竜点睛」と言われるように最後に竜の目を入れると絵全体がまるで生き物の様に動き出す、それ程「詰めが大切」だといえると思います。

一生懸命勉強したけれど試験の当日に風邪を引いてさっぱり駄目だったというのも「詰めが大切」の中に入ってきます。

せっかく今まで頑張ってきたのに最後の最後でつまずいてしまったという事はよくある事です。それはある意味で「詰めが大切」という真意が本当に分かっていないからだと思います。

仕事でも何でも最後の一つというのは、それまでより何倍もの慎重さと努力が必要なのです。それは仕事をして集金出来ないのと同じで、今までの仕事の総仕上げなのです。

逃げよう等と考えないで、やり残した仕事がないか、それまで以上に神経を集中して総仕上げをして頂きたいと思います。

「飛ぶ鳥後を濁さず」というふうに、最後をピタッと決める事でその人の評価が決定するといっても過言ではありません。「詰めが大切」とは、最後の詰めの大切さ難かしさを教えています。

仕事が仕上げにかかったら、この言葉を思い出して今まで以上の神経を使って仕事を完成させて頂きたいと思います。

また、相続の場合などもお金持ちに限った話ではなく、多少財産あれば必ず争いが始まります。せっかく仲の良かった兄弟、姉妹が対立して元に戻らなくなったりします。

これ等は、本人が死ぬまでに皆を集めて、決めておけばよいだけの話なのです。やはり、詰めが甘いと言わざるを得ません。

昔、太閤秀吉は信長の仇《かたき》を取って天下に君臨しましたが、晩節は朝鮮出兵や秀頼の誕生で秀次や利久を切腹に追いやり、自身の死後豊臣家を滅亡させてしまいました。非常に賢明な秀吉にあっても晩節をあやまりました。秀吉の主君信長ももう少しで天下を掴むところまできて光秀に命を奪われてしまいました。「詰めが甘い」結果だったのでしょう。

(75) 一流になれば押し上げられる

●本当に実力があれば売り込まなくても世間がほうっておくわけがない

「言葉って本当に素晴らしいですね」

これは若いころ、車のラジオで聞いた言葉です。確かＴＤＫのコマーシャルだったと今も憶えています。聞いたとたんに気にいってしまいました。

普通世間一般では一日でも早く自分を認めてもらいたい、少しでも上の地位につきたいと、内心では皆心待ちしているのではないでしょうか。

しかし本人が思うほど世間は認めてくれず、世の中は不公平なものだと内心で思っている人が多いでしょう。

ただ実際はそうではないように思います。

本当に実力のある本物の人物等、世間にはめったにいるものではありません。

アメリカのように自分を売り込む事も大切ですが、要は売り込むだけの内容があるかどうかが問題なのです。

自分は実力がある、一流だ等と売り込んでくる人に一流であった試しがありません。反対に自分は本当に駄目な人間で、他人に助けて貰わなければ何も出来ない等と言っている

人に案外一流の本物の人物がいるものです。

自分を判定する基準が一般の場合甘過ぎるのだと思います。他人には甘く、自分にはいくら厳し過ぎても足りない位が丁度いいのです。

人の上に立つという事も真の意味では責任のある大変なお荷物なのです。手ばなしで喜ぶというわけにはいきません。

人生を楽しむ時間が少なくなるのも、小さな代償ではないからです。

「一流になれば押し上げられる」というのは、本当に実力があり人望があれば、自分で売り込まなくても、世間がほうっておくわけがないと教えています。

世間が、会社が認めてくれないと思う前に、日頃から自分を鍛え磨きをかけているかが一番問題なのです。

(76) 根廻し

●ここ一番本当に大切な会議や提言事項だと思われる時には事前に根廻しをする

人間というものは困った性格を持っていて、人が大勢集まった場所等で急に意見を求められたり、新しい提案をされると建前論か慎重論に終始するという悪い癖を持っています。それだけならまだいい方で、急に何の相談もしなかった、面子《めんつ》をつぶされたと思い大反対され、敵に廻さなくてよい人まで敵に廻してしまうという事がよくあります。

こうした場合には前もって慎重に意見を聞いたり、修正するべき所は修正するという事が大切なのです。

誰でも前もって相談され意見を聞かれると悪い気がするはずがありません。面子をつぶさないというのは、ここのところをいうのです。

また、正直多くの意見を聞き取り入れる事によって提案事項がより強力なものになり、そしてまた多くの支持を事前に取り付けるという「一石二鳥」の役目を果たしてくれるものです。

ここ一番本当に大切な会議や提案事項だと思われる時には、前もって「根廻し」という事が必ず必要である事を肝に銘じて頂きたいと思います。

本当は会議の前から言葉と議論が百出《ひゃくしゅつ》し、論じ合うというのが原則なのですが、それは初期の段階の事で、中盤に入ったり、終盤に入るとやはりこの「根廻し」が必要になってくるのは、日本の社会通念を考えると致し方がないというより一番良い方法なのです。

日本の社会では昔から「和を尊《とうと》び」全員が一致協力して事に当たるという習慣があるのです。

たとえ七〇点の要件でも全員が協力し合うという事で、八〇点にも九〇点にもなっていく場合が多いのです。

不合理だなどと決めつけないで「根廻し」の良い所も注目してください。

■(77)　問題意識を常に持つ

●どんな大事件でも前触れとなる前兆が必ずある　それを見過ごさない感性が必要である

「霜《しも》を履《ふ》みて堅氷《けんぴょう》至《いた》る」
どんな大事件でも必ず前触れとなる事件がある。
だから、かすかな前兆でもそれを小事と見過ごすことなく、いち早く手をうたなければならない。

『「易経」坤卦から』

「問題意識を常に持つ」という事は深く考えるという事でもあるのです。何か事が起こってから物事を考えるというのでは時間をかけて練りに練るというわけにいかず、どうしても考えが浅くなってしまいます。

勿論、何から何まで事前に考えるというわけにはいきませんが、基本的（重要）な事柄に関しては時間をかけ、資料を作り情報を集めて事前に検討しておくというのが当たり前の事ではないかと思います。

重大な問題が発生した時、事前に何も考えていなかったというのでは言い訳にもなりません。もし本当に考えていなかったのならすぐに答えを出すという愚を犯してはなりません。それこそ時間の許す限り深く考えなければなりません。

ところがそういう時に限って時間が差し迫っているという場合が多いのです。だからこそ「問題意識を常に持つ」事が非常に大切なのです。

「備えあれば憂いなし」と言われるように、家庭の事、仕事の事、個人の問題等将来の事について常日頃から「先を読む」という事を忘れてはなりません。

「問題意識を持つ」という事は一つの緊張感でもあります。現状に甘んじる事なく先手、先手と考え続ける事は緊張感をいかに持続出来るかという事でもあります。そして初めて「先手必勝」という形が可能になるのです。

事が起こっても少しも動じる様子がなく次から次へと的確な指示を出す人がいますが、実は超能力者でも何でもありません。種明かしをすると普段から考えていた事を実行に移したに過ぎません。火元がない所に火事は起こらないように、少し注意深く周囲を観察すれば何が将来問題となって表れてくるか、そんな前兆はいたる所に隠れているものです。

当然「問題意識を常に持つ」という事は将来を予想するという意味も含んでいます。

時代の流れを読み、将来に備える。**「ローマは一日して成らず」**です。

これでもかこれでもかと深く考える習慣を身につける事は注意深く、用心深く生きる「考える人」になる事なのです。

五年先、一〇年先、二〇年先、そして私にはほとんど不可能ですが、五〇年先を思う…。ただ、誰か不可能を可能にしてくれる人が現れるかもしれない。そういう希望を私は持っています。

■（78）全てを利用する

●問題が起こった時には臨機応変の対応が必要

昔ライターにガスを入れようとすると、ドライバーで裏ぶたを外さなければならなかったのですが、あいにくドライバーが見当たらず硬貨を使ってよく開けた記憶があります。

そんな昔の例え話でなくても、その時必要な道具がなくて何かを代用したという事は色々あると思います。

一番困るのは、突然良いアイデアが浮かんだのに筆記用具や紙が無いという時で、そんな時の用心に私はいたる所に紙や鉛筆を用意しているのですが、それでも突然浮かんでくる思いを書きとめる事は至難の技といえると思います。

武術でもいざという時、身近に武器が無い時は近くにある物を代用しなさいと教えています。敵が今まさに襲いかかろうとしている時、武器を捜そう等とのんびりしていたらそれこそ命が幾らあっても足りません。

剣術の中に真剣白刃取りというのがあって、素手で相手の刀を取ってしまうという極意があるそうですが、これ等はよほど奥儀を極めた人でないと無理だと思いますが、それでもそうした応用技がある事は事実なのです。

もちろん、これらの応用技は本筋ではありません。時間的に余裕がない場合に必要な技

術なのです。

刀を持って敵と戦う事は剣術の常道だとは思いますが、現実には二十四時間刀を持っているわけではなく、武器を持っていない時でも強くないと本当に強いとはいえないのではないでしょうか。

瞬時に対応しなければならない時に知恵を働かせて、何でも応用出来る事が実戦においては何よりも大切なのです。

経営学を学び、どんな問題でもすらすら答えを出す秀才でも、本当に経営を任せてみると、この応用力と早さが足りない場合が多く、うまくいった試しがないようです。

経営は平面的な物でなく、立体的で奥行きがあり、空気があり、匂いがあり、流れがあり、そして何よりもスピードを必要とするからです。

「全てを利用する」というのは、方程式や基本やマニュアルは通常の時の事であって、異常や問題が起こった時には臨機応変の対応が必要だと教えているのです。

普段の生活においても、この「全てを利用する」という知恵は当然ながら必要となってきます。

古くなったシャツが雑巾になったり、広告のチラシの裏がメモになったり、それこそ数えると沢山あると思いますが、基本の考え方は「この世に無駄な物、人はいない」いう事なのです。

素晴らしい経営者にかかればそれこそ縦横無尽にうまく人を使うでしょうし、きっと地球の資源も省資源でしかもリサイクル、無公害というように実現してくれるように思います。

要は、この世に無駄な物、人がいるとすれば、それはその物や人を使う人の能力や実力がまだまだ未熟であるからに他なりません。

九、商い

■（79）「商い」とは、お客様に喜んで頂く事

●世の為人の為になっているか

「三方よし」（売り手よし　買い手よし　世間よし）

商品やサービスを買って貰って代金を頂く、それだけが商いと考えるなら、そんな商売は長続きしません。

買って貰って本当に喜んで頂いているのかを心配する、そこに商いの心があるように思います。商いとは、本当は商品の代金と喜んで頂いたその気持ちの代価なのです。
商売は「世の中に許されて」初めて存在出来るのです。だから利益の上がらないのは喜んで頂いていない、社会に許されていないと考え日々精進するのが商いの道ではないでしょうか。

人間成長するには知らない間に多くの人の世話になっているわけですが、商売でも仕事でも自分一人でやってこれたと思うのは大きな過ちで、仕事には必ず贔屓《ひいき》筋というのがあって、多くの人の好意や支援があって初めてやっていけるのです。

商いというと何か古めかしいようですが、仕事と名のつくものの殆んどが何かを売ってその報酬を得ているわけですから、大きな意味で商いの枠の中に入ると思います。また、そういうふうに自覚するのが大切だと思います。どんなに良い商品でも「売ってあげる」式の大名商売はいつか行き詰まります。

「世に許される」という意味は、世の為人の為になっているかという意味なのです。良い商品がいつまでもその価値を持ち続けるかといえばそうではありません。どんな商品にも人間と同じように寿命があります。寿命が尽きないように、常に新しい工夫をしたり、新製品の開発を怠ってはなりません。

お客様に喜んで頂くといっても別におべっかを使いなさいといっているわけではありません。逆にお客様の事を本当に考えるなら言いにくい事でも、きつい事でも時には言わなければなりません。

本当に真摯《しんし》な気持ちなら、時には利を捨てる覚悟で臨んで、初めて本当にお客様に喜んで頂けるのだと思います。一時的に儲かる事よりも、長く喜んで頂けるような商売を心がける事が本当の商いの道だと思います。

喜んで頂いたのか、本当に喜んで頂いたのか、それこそしつこい程心配し、精進するところに商いの原点と面白さがあると思います。

■（80）時には利を捨てる

●身を捨ててこそ浮かぶ瀬もあれ

「小利を見れば大事成らず」

「細事より大事致る」

商売というものは利益がないとやっていけません。食べないで、給料や経費無しで働くわけにはいかないからです。

商売や仕事をする為には利益は身体の血液のようなもので、なくては生きていけない程大切なものです。

しかし、長い人生の中では色々な困難に出遭う事があります。時にはもう絶体絶命、どうしようもないという事が一度や二度あるものです。

利益は大切だ、どうしてもなければならない等と固執をしていると、利益どころか自分の身の置き所も無くなってしまいます。そうした時には潔《いさぎよ》く利を捨てる事です。

商人にとって利とは、水や空気と同じで命の次に大切なものです。その利を捨ててかかるという事は、命をも捨ててかかるのと同じなのです。

世の中に命を捨ててかかるという事程強いものはありません。

そうした不退転の立場に自分を置いてこそ「身を捨ててこそ浮かぶ瀬もあれ」という事になるのです。

ここ一番という時、理屈でも何でもない一つの気迫を、利を捨てるという事で体得して頂きたいと思うのです。

紀の国屋文左衛門の昔から商人は大義に生きる事をよしとしたものです。

「損して得取る」というのは、人間のしぶとさとあくまでも計算外の計算という商人根性のさいたるものだと私は思います。

「利」に固執し、「利」にとらわれない、難しい事です。

■(81)リスクに利益あり

●人間にも会社にも寿命がある

持続可能な社会が求められる時代にあって、ハードからソフトへ大きく仕事の流れを変える必要があります。そして新しい商品やサービス、市場の開発も当然の事ですが必要になってきます。

多様性や環境の時代と言えばカッコ良く聞こえますが、**とんでもなく困難な開発の時代でもあるのです。開発にはリスク（危険）がつきものです。**

商品や市場の開発は必ず成功するとは限りません。反対に失敗の確率の方が多いのです。大体30％前後の成功率が普通なのです。

また、多くの時間と資金が必要です。一つ間違えると会社の命運に影響する程のリスクでもあるのです。

会社は永遠のものではありません。人間や動物と同じで寿命というものがあるのです。大体三〇年が寿命だと言われています。ですから三〇年に近くなれば会社は再生、開発し大改造をしなければ死んでしまいます。

会社は永遠であると信じているような会社は、三〇年も経てば消えていく運命にあるのです。

独創技術にも寿命があって、勿論その技術の優劣にもよりますが、概ね五年位まではないでしょうか。

勇気を出してと口では簡単に言えますが、本当はつらい苦しい選択なのです。それこそ夜も眠れぬ位の決断が必要だといえます。

しかし、時代に生きるという事はリスクを恐れず開発に挑戦しなければなりません。

うまく成功するとそれこそ他の追随を許さない利益を得る事が出来るのです。

15％の開発が110％の成長をもたらし、15％の開発が60％のエネルギーを必要とするのです。

「リスクに利益あり」というのは、好況不況どちらにあっても苦しい一つの選択なのです。

ただ、リスクに挑戦し滅《めっ》していった企業は後を断ちません。経営において最大の課題であるといっても過言ではありません。

常日頃から開発のリスクを抑え、成功の確率を高める為、慎重に事を運ばなければなりません。初めは慎重に、しかしこれで行けると思えば、後は思い切って果敢に打って出るという事が必要だと思います。

数十年前、Ａビールさんが多くの人の反対を押し切って「スーパーＤ」という商品を開発し、長い間不動だった業界の順位を変える程の成功を収めました。

「リスクに利益あり」というのは、成功すれば飛躍的な成果が約束される半面、失敗すればまた多大な「リスク」をも併せ持っているのです。

さらに経済分野においては、様々な災害や地球規模の紛争等々、将来のエネルギーや部品調達から消費に至るサプライチェーン全般において「リスクヘッジ」が必要で、油断が許されないのが世界経済の実態だと思われます。

経済は生き物です。目測を誤った企業は撤退を余儀なくされる非情な世界なのです。

■（82）身切り千両

**●退却は進行より難しい
時には退却は できるだけ早く決断する**

およそ戦いという戦略の中で退却程難しいものはありません。引き時を誤って深追いし、全滅するという事がよくあるのです。

本当は退却したいのだが、せっかくここまでやってきたのだからもう少し辛抱しようという時もあるでしょう。難しい選択の岐路であります。

退却しないでよかったという事もあるでしょうし、あの時退却しておけば傷がこんなに深くならなかったのにという場合もあるのです。

「退却は進行よりも難しい」と言われるゆえんなのです。

退却をする時もただ退却すればいいというわけではありません。戦国時代、戦さ上手と言われた人は、攻めるよりも退却の仕方がうまいと言われた人に多いのです。

退却する時は敵に背を見せるわけですから、防御が難しいのです。損害を最小限にしてどれだけ素早く撤退するか、それこそ間髪を入れず実行しなければなりません。

一度退却を始めた敵程、攻めやすいものはないからです。

株式市場で「見切り千両」という諺があります。

今までのかかった経費、余りにも多くの時間と費用を考えると、どうしてもそれらの物を捨てて退却する事は、身を切られるようにつらい事です。「身切り千両」というのは、身を切られるようにつらい心情を表現した言葉なのです。

戦いなのだから勝っている時はついつい勝ち過ぎても当たり前という事になり、とんでもない失敗をしてしまう事が多いのです。

敵を断崖絶壁まで追い詰め、もう後（退路）がないとなると、それこそ死に物狂いで敵は反撃してきます。出す必要のない大きな犠牲を払わなければならない時があるのです。勝ち過ぎないというのも引き時の大切な基本です。

「身切り千両」は、退却はできるだけ早く決断しなさいと教えています。

時機尚早だったのです。余力のある間に撤退し、満を持して次のチャンスを狙うというふうに考え、頭を素早く切り替える事が何よりも重要な事だと思います。

■

(83) 勝つコツより負けないコツ

●引き時を頭の中に入れておき 負けをできるだけ少なくする

「勝負において、奇をてらうような手に、いい手はない。
いい手というのは、本当は地味な手である」
十五世名人 大山康晴 棋士

ある雑誌に勝負師（ギャンブラー）の話が出ていました。

興味深く読んでいくと、「勝つコツは何ですか」と訊かれて少し考えていた勝負師は、それはできるだけ負けを少なくする事、「負けない事」だと答えていたのを今でも憶えています。

勝負師・プロといえども好不調が必ずあると、勝っている時はどこで切り上げるかその事ばかり考えているし、負けている時は勝とう等と考えないで、少しでも損を少なくしようと考えると言っていました。

また、本当についている時など滅多にないので、基木的には負けをできるだけ少なくしてツキが回ってきた時に適当に稼ぐ、これが勝つコツですと話をされていたのが印象に強く残っています。

い

商

「勝つコツ」はなどと考えないで、「負けを少なく」する事が結果的に勝ち続けるコツである事は、別に勝負の世界に限った事ではありません。

日常の生活の中でできるだけ経費をおさえ貯金をするのも、結果的に人生の中で勝ち残っていく方法である事には変わりがありません。

たかが勝負師の言葉と考えないで「できるだけ負けを少なくする」という実際の修羅場の中から考えられたこの言葉を、日常の中に生かしたいと思うのですがいかがなものでしょうか。

もちろん、勝負事はあまり勧められるものではありませんが、しかし人生の中には良い事も悪い事も同じ様にあるのですから、そこで強靭に生きようと思えばこれ位の事は知っている方がよいと思います。

「勝つコツより負けないコツ」とは、勝とうとすれば気が焦ってしまって勝てるものでも負けてしまうものです。勝とうとするより負けない事を心がける事です。

今日はついていないと思えばサッと切り上げる。勝っている時でも引きどきをいつも頭の中に入れておく事です。

人生も一つの勝負の世界だと仮定すれば、甘い事ばかり考えないで日頃から負けを少なくする事に専念し、チャンスが来た時に勝負に出る実力を養って頂きたいと思います。

それともう一つ、勝負事は余った金でするのが昔からの鉄則である事を付け加えておきたいと思います。

「運用《うんよう》の妙《みょう》は一心《いっしん》に存《そん》す」

※何事もその機能が生かされてすぐれた効果を出すには、それらを活用する人の心一つにかかる。

「宋史」岳飛伝より

十、経　営

■（84）

方向を示す

●本当のリーダーは人をリードする必要はない　ただ道を示してやるだけでよい

家庭でも会社でも、個人でも目標をしっかり持っているという事は大切な事だと思います。

船で航海をしているとします。どちらの方向へ進路を取ればいいのか、速さは、次の寄港地はというように明確な目標がないと皆が困ってしまいます。

嵐が来たりするとたまったものではありません。バニック状態になって最悪の場合遭難という事にもなりかねません。

目標を示してもなぜその目標に向かわなければならないか、という理論武装をしていないと誰も本気になって取り組もうとしません。昔から言われる大義名分というものです。

松下幸之助さんは経営の神様と言われた人ですが、その根本原理なる哲学が数多くありますが、その中に「産業報国の精神」というのがあります。会社の仕事を通じて社会に奉仕をしているのだというのです。会社は私利私欲の為にあるのではない、公器だと宣言したのです。

この記事を最初に見た時は本当にびっくりしました。当時そんな考え方を公に発言した人はなかったからです。だから松下電器産業株式会社（現パナソニック㈱）という会社を世間の見る目が変わりました。

あの会社は他の会社とは一味違う、また本当に良い商品を作るという信用が出来、今日の「パナソニック」という世界を代表する企業にまでなったのだと思います。

大企業の中で最初に「週休二日制」という事に取り組まれたのも松下さんだったと思います。現在では週休二日制というのは当たり前ですが、その当時としては画期的な事でした。

何でもそうですが最初に何かをしようと提案したり行動する事は、実は創造に価する程難しい事です。勇気がいるものです。成果を上げる事が最初の目的でなかったにせよ、結果的には多くの人の支持が集まるという事になるのです。

根本原理（フィロソフィー）を示し、そしてそれから具体的な目標設定をすると、少々の困難に遭遇しても皆の意志が共通しているので辛抱したり、苦労に耐える事が出来るのだと思います。

「方向を示す」というのは、夢、正義、哲学、理想主義、生活、公平、平等、自然主義、人間愛、環境等の人間の最も崇高な思想が根底になければなりません。そして長期的にはどうするのか、中期、短期はと具体的に目標を設定する。そうすれば誰も迷ったり、行動がバラバラになるという事がなくなり、全員が目標に向かって力を結集する事が可能となるのです。

今日では社会が多様化しているので、全ての人の考え方が一方向に片寄ると逆に危険だという意見もあります。

しかしもっと大きな大義からだんだん短期的なものになるに従って多様化するのは仕方がないと思いますが、逆に多様化の時代だからこそ背筋に一本筋を通すといいますか、本当に「本物」の考え方、哲学が最も大切な時代であると思うのですがいかがでしょう。

本当のリーダーは人をリードする必要はない
ただ道を示してやるだけでよい
ヘンリー・ミラー　アメリカの小説家

■（85）不　況

●不況の時に強くなる 不況の時には傘が要る
●明けない夜はない

「悪あがきより発想の転換」

より良い状況を求めて、悪あがきするよりも、遠回りに見えても出発点に戻り初心に帰ると道は開けるものです。行き詰まった時、視点を変えて発想を転換するのです。

悪い時はいつまでも続かないし、善い時もいつまでも続かないものです。

不況の時にはあまり好況の時の事を考えないようです。また、好況の時には不況の時の事をつい忘れてしまうようです。要は悪い時には希望を失わず、善い時には悪い時に備えてできるだけの備えをしておきなさいという事です。

「塞翁が馬」に少し似ていますが、不況と好況は代わる代わるやってくるのです。ただその周期と経済の状態が時代と共に様々に変化するだけなのです。

不況の時の考え方ですが、**「ピンチはチャンスなり」**という名言があるように、以下のポイントをチェックしてみましょう。

(1)不況の時は全員が危機感を持っているので、普段出来なかった思い切った改革を断行し、長い間に蓄積されたぜい肉をそぎ落とす、経費削減の絶好の機会でもあるのです。

(2)不況の時は当然売り上げが減るので、人員が余ってくるものです。その余剰人員を新しい市場、販売網や商品開発に投入出来る唯一の時期でもあるのです。

(3)不況の時は常日頃やりたくても出来ない仕事が本来山程あるものです。資料の整理、バックヤード(倉庫・在庫管理の徹底、事務管理等)の効率化、情報管理、顧客へのメンテナンスサービス、顧客管理カードの徹底、新しい技術の研究・研修等、数えればきりがない程あるものです。

(4)不況の時にこそ長期(一〇年)にわたる計画をたてるチャンスでもあります。なぜなら、二年~三年の計画は現実的には難しい事が多いのですが、一〇年~二〇年という計画なら案外大胆に発想が可能であり、全員の意思を統一し、不況による動揺を抑える効果もあります。

(5)不況の時にこそ本当に実力のあるところは、他の競争相手と差をつける絶好のチャンスなのです。不況の時に強くなるのは、別に企業に限った事ではありません。個人にしても色々な困難や筆舌につくし難い苦労を乗り越えた人は強靱になるのが当たり前だからです。

ここで一番大切な事は、不況の時に強くなる為には好況の時の貯蓄がものをいうという事を忘れてはなりません。最初にお話したように、夏も終わり秋になるといずれ来るであろう冬に向かって動物が一斉に冬籠りの用意をするように、好況の時にも油断をせず、やがて来る不況に備える事の大切さを教えています。

もちろん、「不況」という言葉を「悪い時」という言葉に置きかえればきっと人生の教訓としても立派に通用すると思います。

「雨が降ったら傘をさす。あなたは傘の用意がありますか」

松下幸之助　松下電器産業株式会社創業者

■（86）差別化と独創技術

●差別化の部署や研究室を常設する

仕事には競争がつきもので、競争相手と同じ事をしていては勝てるはずありません。競争に勝とうと思えば、相手と違う優れた要素を仕事の中に取り入れなければなりません。その優れた要素が簡単にまねの出来ないものであればある程、勝つ確率が高くなります。**そうした競争相手にまねの出来ないノウハウを持つ事を「差別化」と呼び、非常に重要な戦略であるといえます。**

ユーザー（お客様）が今何を求めているのか、どうすれば今以上に満足して頂けるのか常に心がける。刻々と変わる時代の流れ、流行のはやり廃りの中でお客様の思考も種々様々に変化していきます。そのお客様の気持ちを身を持ってつかもうとする。そこに差別化のヒントがあるのです。

また、一度差別化に成功したとしても油断は禁物です。競争相手も同じ事を考え研究しているわけですから、すぐに追いつかれてしまいます。

「差別化」はゴールのないマラソンなのです。

そういった意味でも常に努力を怠らないのが理想なのですが、度々話をするように人間は勤勉でもありますが、半面怠け者でもあります。

別に努力をしなくても自然に差別化が出来るような仕組みを仕事の中に取り入れておくという考え方のほうがずっと合理的であるといえます。

「差別化」には大きく分けて二つの種類があります。

一つ目は、毎日の仕事の中から、急がず焦らずコツコツと、それこそ靴をすり減らして情報を集め差を広げるというやり方です。

これは相手がまねをしようと思えば比較的良い所だけ抜粋的にまねをされてしまうという欠点を持っています。

二つ目は、簡単にまねの出来ない「独創技術」開発があるのです。

しかしこの独創技術というのは、文字通り他の追随を許さない画期的な技術であり商品であるわけですから、本当に長期間の綿密な計画が必要なのです。

勿論、厳守事項である事は言うまでもありません。いったん発表すると、そこからまた次の独創技術への開発が待っています。発表した時から競争相手の研究や開発が始まると思って間違いがないからです。

反対の立場になって考えると、競争相手が素晴らしい技術を開発したという事になれば死活問題です。それこそ死にもの狂いで開発しようとするのが当然だからです。

「差別化と独創技術」は大切な仕事の要素の一部分だと考え、短期に長期に開発し続けなければなりません。

■（87）宣伝

●いくら良い商品でも世間が知らなければ無いのと同じで世の為人の為に役立つ事はできません

「宣伝」というのは何も今さら説明してもらわなくてもわかっているよと笑われそうですが、少し話をしてみたいと思います。

ＴＶを見ているとあふれんばかりのＣＭ（コマーシャルメッセージ）が画面から躍り出てきます。またパソコン、モバイル端末、スマートフォンなどと連動さす手法の進化、洗練されたセンスには驚かされるものがあります。

ＣＭは一つの「文化」である事は常識になったといえるでしょう

「宣伝」上手である事は、その商品・サービスを作ったり、提供するのと同じくらいの、いやそれ以上の価値があるといえるでしょう。なぜなら、今日商品やサービスは私達の周りには満ちあふれているからです。その中でお客様にその存在を知ってもらうという事は大変難しいからです。

いくら良い商品であっても世間が知らなければ無いのと同じで、世の為人の為に役立つ事はできません。

これからの時代は商品を宣伝するというより、生き方や人間に対する考え、哲学のよう

なものをアピールする、会社のイメージを宣伝する事が大切な要素であると思います。

ユーザー指向ではあるが、消費者に媚びない「哲学」が有るか無いかが問われる時代だと思います。

また、会社の中での仕事を全員に知ってもらうという事も大切な「宣伝」の一種だと思います。誰が何をしているのかさっぱりわからないようでは、チームワークの良い会社だとはいえません。広報ボードを多いに利用するシステムやレポート等も検討すべきでしょう。

私達はどちらかといえば商品を作ったり、サービスを提供するのには熱心だけれども、その商品やサービスを同じ位の熱心さで宣伝するという姿勢に欠けてきたのではないかと思うのです。

商品なり自分なりを上手に表現するという事も実力の内の一つなのです。

宣伝が必要でない業態の会社であっても、やはり「宣伝」というものが必要であるという意味を深く考えて頂きたいと思います。

商品を売る為に宣伝費が要るのではなく、宣伝費を定期的・継続的に使う、そして何を主張したいのかが最も大切な事なのです。

(88) 少数にすれば精鋭になる

●組織はやがて硬直し 肥大化し官僚化する

「一騎当千」と言われるように、なぜ少数にすれば精鋭になるのでしょう。そして、なぜ多数になるとダメなのでしょう。

> (1) **それは大勢になると、自分がしなくても誰かがやってくれるだろうと、誰もが他力本願になるからです。**
>
> (2) 人数が多いと、本当に重要な仕事をするというよりも、仕事の為に仕事をするという。本末転倒の仕事をしても誰も気が付かなくなるから、段々肥満体のように人数が多くなり、赤字が膨れ上っていくという事になるのです。

そうならないように日本の会社では事業部制という制度があって、できるだけ会社を小さな単位にまとめ、そして独立採算制といって利益が有るか無いかすぐにわかるようにしています。

人数が少なければ他人に頼る余裕がなく、100％時にはそれ以上の能力を発揮し、仕事を覚えるという点でも一番早く身に付きます。一人で二役も三役もこなさなければならないので、専門バカになる事も防げます。少数の組織はこういったふうに大きな組織よりも何倍も多くの利点を持っています。

組織が大きくなってきたと思ったら、できるだけ早く小さな組織に分割する事です。

織田信長が桶狭間で今川義元をわずかな数で倒した事は余りにも有名な話ですが、数が多ければ必ず勝つという気の緩みをついた奇襲作戦が見事に成功したいい例だと思います。

「組織はやがて硬直し、肥大化し、官僚化する」事を前もって予測し、組織の活性化の必要性を説いています。

少数にすれば必ず他力本願にならないかといえばそうではなく油断禁物です。いつもハングリー精神を忘れず、新たな目標を立てて挑戦する心を持続して頂きたいと思います。

■(89) 公平という意味

●全てに公平というのは本当は不公平

もし、真面目に一生懸命やる人といつも怠けたり休んだりする人の報酬が一緒なら、誰も真剣に仕事をしたりはしません。人間というものの本質を知るなら差をつける事こそ公平なのです。

一九八九年ベルリンの壁が取り壊されるという歴史的な瞬間を経験しました。

当時、共産主義の理想が敗れ、民主化の波が世界をつき動かし始めたのです。自由という人間の最も根源的な魂に火がついたのです。もはやこの火を消す事は誰にも出来なかったと思います。

我が国においても一九八七年国鉄が民営化した後、それまで何十兆円と超赤字を出していた親方日の丸の会社がウソのように黒字に転換したのはなぜでしょう。

赤字でまともに給料がもらえるなら、誰も頑張って黒字を出そうとしないのは当たり前の話です。

皆さんもおわかりいただけたと思います。全てに公平というのは本当は不平等なのです。

能力のある人、一生懸命仕事をする人、志し努力をする人に応分の報酬が払われる、そして世の中が少しずつ便利になり僅か二〇年前、三〇年前には考えられなかった時代が今

日あると思います。

よく自分は恵まれていないとか、ついていないと愚痴る人がいますが、真の意味で公平という事がよく分かっていないと思います。

本当に努力し成果を上げれば必ず報われるのです。そう信じ、行動すれば世の中が本当に公平だという事に気付くはずです。努力もしないで人と比較をして自分は恵まれていないと感じる人が時々いるので困った事だと思います。

世の中はそんなに甘くなく、十頑張ってもせいぜい二〜三くらいしか報われません。世の中の価値観とその人の価値観に差があるからです。

「公平という意味」は、世の中は全てとはいいませんが大体のところは公平だと信じて努力を続けていけば必ず報われるものです。「公平」でないと感じるのは、自分の頑張りが足りないのだと思い、なお一層の努力をしなさいと諭しています。

不思議な事ですが世の中「公平」だと真剣に信じていれば、その人は「公平」に報われるようになるのです。本当に不思議な事ですが……。

十一、幸　福

■（90） 身の内に在り

●その不幸にも意味がある プラスの面がある 全ての原因と結果は 自分自身にある

全ての原因・結果は自分自身にある

「修己治人《しゅうこちじん》」とは、自分を修める事が出来ない人に成功はおろか、他人の上に立つ資格さえもないという意ですが、「身の内に在り」とは、まず自分を良く知りなさい、そして自分を鍛えてその成果の分だけ成長するのですよと教えています。

決して世の中の評価や基準に惑わされてはいけません。ただひたすら何の見返りも期待する事なく、無心に己を鍛え磨くのです。

限りなく小さい事は、果てしなく無限に広がる宇宙に通ずるのです。己の小さな身体の中にまさしく宇宙が存在するのです。己の実力以上の物は何もなく、己の実力以下の物もまた何もないのです。

幸運も、きまぐれなチャンスさえ「身の内」には無関係なのです。

全ての根本は一個の身体の中に在るのです。幸せも不幸も、挫折も喜びも感動も、鹿の様に速く走る事も、魚の様に泳ぐ能力も全てこの小さな身体の中に在るのです。

時代の流れや天災地変でさえ、確として在る意志には影響を与える事は出来ません。それはまさしく一つの悟りなのです。怖れも、驚きも心の鏡なのです。自分が作った心の弱さなのです。

時代や環境、条件に左右される事なく自分を幸福にするという事は、自分の本当の実力次第だという事に早く気が付く事です。そうすれば世間の色々な雑音から遠ざかり、どうすれば自分を幸福にする事が出来るかを純粋に考える事ができます。

自分を幸福に出来ない人に他人を幸福に出来る道理がないからです。

しかしここでいう幸福とは一流大学、一流企業、即人間の幸福という俗世間の事でなく、何がはたして本当の幸福なのか、人間とは何なんだろうかと、あくまで自分の尺度で思いを深くする事だと思います。

そうです本当の敵がいるとすれば、それは「己」自身なのです。「己」を克服せずして、人間の成長はありません。自分以外の他の要素や環境で武装したところで、いつか化けの皮が剝がれてしまいます。幸福とは、そんなに簡単でもまたそれ程難しいものでもないのです。「足るを知る」なのですから。

禅の修行の中に「心頭滅却すれば火も又涼し」というのがありますが、まさに言い得て妙であると思います。

「身の内に在り」とは全ての原因結果は自分自身の中にあると教えています。

全てに意味があるように、全てに「原因」と「結果」があるように、その「不幸」には意味がある。プラスの面が必ず存在します。それを見つけた時、飛躍的進歩があるのです。

「家が貧しくても、身体が不自由でも、決して失望してはいけない。人の一生の幸も、災いも、自分から作るもの。周りの人間も、周りの状況も、自分から作り出した影と知るべきである」

野口英世　医師・細菌学者

■（91）足るを知る

●必要最低限の生活でも 心の持ち方一つで巨億の富の生活をはるかに凌ぐ 幸福の境地に達する事ができる

昭和五十年頃の話ですが、故田中角栄元首相の刎頸《ふんけい》の友である故小佐野賢治氏は、政商として一代で巨億の富を築き、数十社にのぼる会社のオーナーとして君臨していましたが、余りの多忙さに脳溢血で（だったと思う?）あっけなくこの世を去りました。

庶民宰相と人気の高かった田中角栄氏も、影の実力者として長く政界に君臨し続けましたが、ロッキード裁判で有罪判決を受け、さらに病に倒れ、その政治生命を終えました。

当時、風刺の利いた司会で有名な故大橋巨泉氏も、視聴率ベスト10に入る番組を幾つも持つ放送会の超大物でしたが、五十五歳になったのを機に人気番組から降板されました。

彼は読み残されてある本の数と、見残してあるビデオを数え上げ、それから何よりも大好きなゴルフに打ち込みたいとその抱負を語っています。

昭和の人気アイドルだった山口百恵さんは、人気が最高潮の時に三浦友和氏と結婚し、電撃的に業界を去りましたが、二人の子供たちが成人した今もなお伝説として語り継がれています。

何十年か前に、あるホームレスが野原の小屋から死体で発見されました。そしてその小屋からは時価数億円の有価証券が発見されたのです。確か彼は学校の教師で倹約の為結婚もせず、貰った給料を全て貯金とし、顔を洗う水さえ倹約していたそうです。

それぞれの人の人生は、それぞれの人の価値観があり生き様があります。その生き様を他人がとやかく言う権利はありませんが、どんな人の一生からでも学び取る教訓は多いと思います。

巨億の富を築くというのは随分と賢い人だと思うのですが、巨億の富がありながら過労の為に死んでしまう、病気になってしまうというのでは、余りにもその人が可哀想な気がします。

その反面、人気の最高潮の時にサッと身を引く事によって余韻を後世に残す例も数多くあります。

藤山寛美さんのように死ぬまで働きづめに働いて、ギネスブックに載る位休みなしで演じて死んで行く例もあります。多分本人は満足だったのかも知れませんが、他人から見ると死に急ぎをしたとしか考えられないような生き様でした。

太く短く生きるのも人生、細く長く生きるのも人生、どちらも同じ人生なのですが、平均寿命が延び、百歳時代という超高齢化社会になってくると、やはり計画的に生きるという事が大切なように思います。

粗末な小屋に一着の服と一食の粗末な食事でも、人間は果てしなき幸福を見い出す事も

可能です。

お釈迦様やキリストのように幸福になるという事は、本来物質にあるのではなく人間の心の充足を意味するのです。

砂漠の中で一杯の水がどんな高価な物にも換えがたい価値があるように、本当に幸福であるというのは、限り無く精神の高揚を意味するのです。

本当に本物である事は、本来お金とは無縁なのです。最近ではお金をかけて健康を買おうとしますが毎日のジョギングの方がどれだけ健康的であるか知れません。

粗食に甘んじればダイエットの必要もなく、久々の定食がこの上もない贅沢になるのです。要は心の置き方なのです。高いレベルに心を置いてしまうと、いつまで経ってもどこまで行っても心の満足は得られません。**一泊一食があれば最高の幸福の境地にもなれば、巨億の富があっても未だ本当の幸福を見い出せない人もいます。**

分相応という事と、自分の人生の中で使い切れない物を稼ぐより、生活出来るだけの物があればそうそうに手仕舞いをする方が私は最も利にかなった考え方であると思います。

> **「足るを知る」という事は、必要最低限の生活でも心の持ち方一つで巨億の富の生活をはるかに凌ぐ幸福の境地に到達する事が可能な事を教えています。**
>
> 収入以上の生活を望まず、収入の中で満足を得る工夫をする事は、神が与えた

真の平等だと思います。

いくら巨額の富があっても、病気になれば健康である事の価値の方がはるかにまさっている事は、病気になった人でないと分からないと思います。

足る事を知らず身を誤った人の例は、歴史を紐解く必要もない程無数にあります。

「足るを知る」というのは本当に難しい事です。

※刎頸の友＝生死を共にして、その友のためなら頸《くび》を刎《は》ねられても悔いの無いほどの友情。

■（92）夢中になる（感動する）

●夢中の中に人生がある　青春がある

子供の頃私は父に連れられてよく映画を観に行きました。その帰り道、主人公が私に乗り移り有頂天になって肩をいからせて帰ったものです。

その頃読んだビクトル・ユゴーの『レ・ミゼラブル（ああ無情）』は今でも忘れません。陽も暮れかけた薄暗い部屋で、私の顔は感動の涙でグシャグシャでした。

それ以後私は映画と読書から離れられなくなり、多分死ぬまでこの夢中は続くだろうと思います。

小学校の時、偶然に絵の展覧会に入賞したのをきっかけに絵が好きになり、ゴッホやミレーやルノワールに夢中になり、自分もいつしか絵の世界に進みたいと夢見た頃もありました。

それからどれだけ多くの夢中が私を通り抜けていった事か。切手やレコード、野球、プラモデル、ビデオ、スポーツクラブ、ゴルフ、パチンコ等々、その時々に夢中になった事柄は皆様も多分一杯あると思います。

良く考えてみると、これらの夢中の中に自分の人生があったように思うのです。勿論、数多くあった夢中が今なお続いているのはごくわずかですが、それでも何らかの余韻を身体のどこかに残しているものです。

一番夢中になったのは仕事です。

若い頃の私は文字通り仕事に命を賭けました。お金も欲しかったし、自分の将来もかかっていたからです。落ちこぼれ人間の自分にとって出来る事は、本物の実力を身に付ける以外に方法がなかったのです。

全てを諦め、ただひたすらに仕事に打ち込んだのです。仕事をすればする程仕事というものの本当の面白さが分かってきました。

仕事の面白さは、その仕事の難解さに比例するのです。仕事に遊ぶ境地がそこにあるのです。

全ての事に共通するのですが、容易なところには真の喜びもないのです。

前にもお断りしましたが、私が本物の実力を身に付けたように書いてありますが、そうありたいという希望を述べているのであって、せつに誤解のないようにお願いします。

夢中になったり感動する事は、人生を楽しむ事なのです。それが無かったり、少ないという事は努力が足りないと思うのです。努力をしないでむくわれる筈がないではありませんか。

何かに夢中になるという事は、自分にとってそれは生きているという事の実証なのです。

もし夢中になるという事や、感動の心が自分に無くなったとしたなら、多分その時自分は

死んだのだと思います。たとえ肉体は生きていても、精神は死んだのですから。

仕事が出来ないというのもお話になりませんが、仕事オンリーというのも淋しいではありませんか。

感動するという事は、心が汚れていない証拠なのです。

では人間は何に感動するのでしょう。

素晴らしい映画やドラマを観た時、素晴らしい本を読んだ時、大自然の美しさに触れた時人間は感動するのではないでしょうか。感動する心を失くした時、生きる喜びも人間としての成長も失くなると思うのです。

> 「感動する」という事は、人間に対する不信感や知らず知らずの間に身に付いた心の汚れや傷を洗濯したり治療してくれ、人間や自然に対する深い敬虔《けいけん》な心を呼び戻してくれる事だと思います。そして何よりも素晴らしいものを素直に受け入れるという心の広さが必要だと思います。
>
> 「夢中になる、感動する」という事は、人間が人間である為の崇高な行為であると共に、必要不可欠の人間の条件だと思うのです。

せっかくこの世に生まれて来たのですから、珠玉のような時間を皆様も駆け抜けて頂きたい。それにはどんな事にも挑戦して、一生を通じて夢中になれる趣味を見つけて欲しい

のです。
幸福とは金銭の多少にあるのではなく、どれだけ多く、時の経つのも忘れる程の夢中の時間を手に入れる事が出来るかにかかっているように思うのです。

ビクトル・ユゴー（一八〇二～一八八五）フランスの詩人・小説家・劇作家。
詩人―劇作家としてロマン派の指導者となり、七月革命以後、人道主義・共和主義に傾斜。ナポレオン三世のクーデターに反対して国外に追放され、長い亡命生活の間創作に専念。作品は詩集「静観詩集」、小説「ノートルダム・ド・パリ」「レ・ミゼラブル」など。

ゴッホ（一八五三～一八九〇）オランダの画家。
後期印象派の巨匠で、強烈な色彩とタッチにより独創的な画風を樹立した。作品は、「ひまわり」「アルルのはね橋」「自画像」など。

ミレー（一八一四～一八七五）フランスの画家。
敬虔な信仰と愛情で、農村生活を写実的に描いた。作品は、「種まく人」「落穂拾い」「晩鐘」など。

ルノワール（一八四一～一九一九）フランスの画家。
印象派美術の最も魅力に富んだ絵画のうちの何点かは彼の作品である。四〇歳近くになって、社交界の肖像画家として名声を確立する。作品は、「シャルパンティエ夫人と子供たち」「船遊びの昼食」など。

■(93) 楽天家

●必ず良くなると信じる 考え過ぎて暗いより考えないで明るい方がまし

「これでいいのだ」

赤塚不二夫作 『天才バカボン』より

この世の中まともに生きていこうと思えば、楽しい事よりどちらかといえば暗い話の方が多いように思います。

家庭を守るにしても、一つの店を、会社を経営するのも実は楽な事ではありません。仕事にしても好きな仕事を楽しく、というわけにはいかないのが現実ではないでしょうか。

だからといって眉間にしわを寄せて生きるというのも賢い生き方ではありません。厳しい現実だからこそ明るく生きるという事がどれ程大切な事か、その必要性は何よりもこの世の中になくてはならない物の一つであるといえます。

人間はあまりに深く考え過ぎて、暗く生きるために生まれてきたわけではなく、あくまで面白おかしく人生を楽しむために生まれてきたのですから、できるだけ楽しく過ごす「コツ」を身に付ける必要があります。それは楽天家になる事なのです。

将来の事を考え過ぎると憂鬱になる事があまりにも多過ぎます。悲観のあまり絶望し、自殺する人の数は減るどころか増える傾向にある程です。

例えば、会社の経営にしても将来の事を深く考えると正直に言って厳しい懸案事項が山積みであるといえます。経営責任者と言われる人は、社員やその家族の事を考えると夜も眠れぬ心境になるものです。

だからといって暗い憂鬱な表情でいると社員は心配し、意気消沈し、悲観のあまり業績もパッとしなくなるものです。そういう時大切な事は、やるだけの事をやれば後の事は天に任す心境が何よりも大切なのです。

くよくよ将来を心配しても、悪くなる時は悪くなるのです。

腹を決めて「ケセラ・セラ」なるようにしかならない、運を天に任せたら後はできるだけ明るく、底抜けに明るく、計算外の計算、今まで世の中それでやってこられたし良くもなってきたと考えるのです。

必ず良くなると信じて明るく楽天的に生きる事が、しいては世の中を明るくする事だと考えて皆さんも楽天家になって頂きたい。

しかし、ただ単に楽天家というのではなく、やるだけの事は全てやるという前提条件が一つある事を忘れないで頂きたい。

でも考え過ぎて暗いより、考えないで明るい方がまだましだと付け加えておきましょう。

■(94) 面白くなければ

●本物であるかどうかの価値基準

「おもしろき　こともなき世を　おもしろく
住みなすものは　心なりけり」

高杉晋作　長州藩士

※面白いかどうかは、この世に住む者の気持ちしだい。

せっかくこの世に生まれて来たのですから、できるなら面白おかしく生きていたいではありませんか。

でも実のところ、面白おかしく浮かれてばかりはいられないのが現実です。ですからこの「面白くなければ」という考えが世の中のためにぜひとも必要なのです。

世の中の価値基準が「面白くなければ」という事にでもなれば、社会がそれこそ楽しい事で満ちあふれる事になるからです。

私の好きな作家の一人に山本周五郎さんがいます。彼が若い頃は大衆雑誌に作品を発表していたのですが、次のように語っています。

「私は大衆小説と呼ばれる雑誌に作品を発表していたのでいつの間にか大衆作家のラベルを貼られてしまった。しかし本にはもともと大衆小説や純文学という区分はないんだ、あるのはただ『面白い本』であるか、そうでないかだけだ。私は大衆小説と呼ばれる分野の中で純文学をも超える作品をきっと書いてみせる」

と生来負けず嫌いの彼は後年精進し、純文学をも超える彼独自の文学を打ちたてる事に成功したのです。

そして数々の名誉ある賞を固辞し続けました。業界に対する彼の反骨精神がそうさせたのです。

人間には表面にあらわれない計り知れない程の深い思いや悲しみがある事を、そして「やさしさ」という意味についても、他人に自分を分かって（理解）もらう必要のない、言い訳のない人生をも彼に教えられました。

私は山本周五郎から人間の深さを学んだのです。

彼が精進をしようと決心したきっかけが文壇からの差別であり、「面白くなければ」というキーワードだったのです。

この「面白くなければ」という言葉はありとあらゆる分野で応用出来ます。

映画にしても、芸術作品だと声を大にして言ってみても面白くなければ誰も見てくれません。誰も見なければ、なかったも同然なのです。

私たちも職業や国籍や服装等知らず知らずの内に差別をしていないかどうか、「面白い」というのは全てにあてはまる本物であるかどうかの価値基準なのです。

皆さんもどんなに頭が良くて立派な人と酒を飲むよりも、めちゃくちゃ面白い人と酒を飲む方がきっと楽しいに違いないと思います。

話の面白い人は、人より多くの苦労をしている場合が多いようです。面白いかそうでないかは重要なキーワードと考え、仕事の中に、人生の中に取り入れて頂きたいと思います。

■（95）男稼業

●男の一生は美しさをつくるためのものだ　言い訳も弁解もしない 堂々たる人生

男稼業なんて書くとニューハーフか反社会的勢力の世界と間違われそうですが、一度この世に「男」として生まれて来たのですから、やはり男として生きていきたいではありませんか。

いい男なんていい女と一緒で別に他人が決めるものでもなく、やはり自分で決めるものだと思います。

他人を見てこれだけはしてはいけないとか、これだけはしたくないとか、そんなものがやはりあると思うのです。

例えば未練がましい男です。私も随分未練がましい男ですが、友人が未練がましい泣き言などを言うものならつい手が出そうになるほど嫌いです。幸いにもそんな友人はいませんが。

私の場合、単に未練がましいというのではありません。未練が顔から噴き出すのではと思うほどです。失敗やしくじった事の言い訳なんて、言えと言われれば朝から晩まで語れます。軽いものです。ただ、**他人に対して許せないと思う事は、最低限自分はしてはいけな**

いと思うのです。他人が決めるのではなく、自分が決めるというのはそういうことをいうのです。

勿論、私がもともとそういった性格であるとか、生まれつきなどということは関係なく、自分自身に対する言い訳みたいなものです。意思が強いかといえば弱い方だし、賢いかといえば自慢ではありませんが悪いです。足が長いかといえば、ハッキリ言って短足です。顔はといえば、これまた・・・です。

こんなふうに書くと、もうどうしようもない男のように思われますが、その通りだから仕方ありません。**しかし一つだけ、いつも自分は「男稼業」をやっているんだという自負があるのです。**だから足が短いのがなんだ！その分胴が長いんだと思うわけです。

世間の風というのは冷たくて、やっぱり容姿端麗、足長・長身の立派な人の方が「いい男」に見えるようですが、それは間違った偏見なのです。**「男」であるというのは、柴又の寅さんではありませんが、辛い、本当に辛い稼業なのです。**

こうして書いている間にも意思がくじけそうですが、私がそうだというのではなく、かくありたいと思うことを書いたままでのことなので ご容赦願いたいと思うのです。

> 「男の一生は、美しさをつくるためのものだ。俺はそう信じている」
>
> 土方歳三　新選組副長

■

（96）少年のように少女のように

●夢見る事をやめた時 その人の青春は終わるのだ

「夢見る事をやめた時、その人の青春は終わるのだ」

倉田百三　劇作家

この世に長く生きていればいる程、世の中は淀んだ川の様にうす汚れている事を思い知らされます。

社会には残念ながら貧富の差があり、正直に一生懸命働いた者が報われるかといえば、そうではない場合の方が多いと言わざるを得ません。

政治に派閥があるように会社にもあります。派閥が悪いというわけではありませんが、個人の思いが大切にされる仕組みではないようです。

社会が高度化すればする程神経のスリ減る事も多くなり、人の心もすさんでいくばかりです。

盗難に遭うと、人を見たらドロボーと思うようになり、誘拐事件が起きると子供に「知らない人には気をつけなさい」と教えなければなりません。

会社に入ったら入ったで管理社会に競争社会です。

駅で並んでいて横から入る人に、ちょっと注意をしただけでナイフで刺された、といったたぐいの話は世間ではザラにある事です。人を疑わなければ騙される世の中なのです。

こうした世の中で綺麗に生きなさいという方が、不可能に近いという事はよく知っています。

しかし、こうした世の中でありながらまれに少年のように素直で、少女のように純真な「無垢」な人に出逢う事があります。それはあたかもゴミの山に一輪咲いた、白い野菊の様に新鮮です。

世の中不公平だ、きれいなままでは渡れない等の諺は、「出る杭は打たれる」「長い物にはまかれよ」とか「正直者が馬鹿を見る」等、数え上げればきりがない程一杯あります。生まれて自意識を持ち始めてからずっと私達はゴミの山、掃き溜めに生活しているのも同じです。だからこそ純真でありたい、素直でありたいと思うのです。絶対に汚されてなるものかと心に決めて戦い始めなければなりません。

汚されないように戦い続ける事は、人間の最も根源的な戦いであると私は思います。世間ずれをして生きるのも人生、少年のように傷つきながらも頑固に汚れる事を拒否して生きるのもまた人生ではないでしょうか。

人間は常に原点に帰る事を忘れてはなりません。世の中汚いから汚れて当り前というのは、「人間とは何か」という事に気付いていない証拠です。

賢く生きるという事が災いして悪くなるなら、犬や猫の方が人間よりよっぽど純真で崇高であると思います。

動物以下の人間にならないように、少年のように少女のように素直で純粋で熱い思いをいつまでも忘れないで頂きたいと思います。

自分に正直に在りたい、誠実で在りたい。自分を大切に思うように他人を大切に思える心。あらゆる事に好奇心を持ち、感動に涙する事を決して恥じる必要はありません。

「ムキになるな」ではなく「ムキになる」事が大切なのです。

頭が「賢い」か「馬鹿」で人間を判断するのではなく、どれだけ人間に対して思いやりがあるか、どれだけ優しいかの方がずっと重要な人間の条件です。

明日でも昨日でもない、今この瞬間の連続が人生なのです。あなたは今日死んでも後悔しない覚悟がありますか。

若く在るという事は、何にもまして努力のいるものです。ただ何となく若いという事はありません。

「少年のように少女のように」いつまでも青春して頂きたいと思います。


「日本人は三十の声を聞くと青春の時期が過ぎてしまったように云うけれど、情熱さえあれば人間は一生涯青春で居られる」

永井荷風　作家

■（97）バランスが必要

●できるだけ片寄らないで 大きな視野を持って考える

好きな食べものばかり食べるより、色々な食べものをバランスよく食べる方が栄養が片寄らないで、体の為には良いに決まっています。

偏食をする人に多いのは、考え方に頑固な所があり、少し片寄った自己中心的な発想しかしない傾向があります。

特定の食べ物に固執をしないというのは、別に食べ物だけに限ったことではありません。「私は仕事の事しか知りません」と別に恥ずかしがりもせず平気で言う人がいますが、本当に困った事だと思います。

人間は本来楽しく人生を送る為に生まれて来たのですから、遊ぶ為に仕事をするというのが正しい考え方だと思います。遊ぶ事を知らない日本人は、働き過ぎて他の国から白い目で見られても、まだ仕事オンリーがいかに間違っているかという事に気が付きません。

人生を楽しく送り、そして仕事もするという事でないと、他の国の人は困るのです。遊ばないで仕事ばかりするのでは、競争に強くなるのは当たり前だからです。競争に勝とうと思えば相手の国も仕事オンリーにならざるを得ないからです。

そういった意味で働き過ぎは他の国の人を不幸にする事なのです。自分の国だけ良ければという考え方なのです。

野球を例にすれば、ピッチャー、守備、打力、チームワーク、監督、フロント、と全てが優秀でないと優勝などできません。

会社にしても商品力、営業力、工場、経理（財力）、研究所、販売網、宣伝、どれ一つ弱くても結局長距離になるとそこが命取りになってきます。

「バランスが必要である」という事は、どの要素もおろそかにできない事を教えています。

個人の事、仕事の事、家庭の事全ての事柄にバランスは適用されます。

例えば、個人の事なら趣味の多様化があります。スポーツはテニス、読書は何々というふうにジャンル別に好きな事を作って置くと便利です。

色彩にしてもそうです。自分が赤が好きだから赤だけあればいいというのではなく、やはり赤も青も黄も緑もというように色数が多ければ多い程楽しくなるではありませんか。

要は考え方にしても同じ事で、できるだけ多くの事を一つの考えにとらわれないで、頭を柔軟にして、臨機応変に使い分けるという事が大切な事です。

自分の哲学を持つという事も大切な事ですが、その考えに固執してしまうと自ら向上への道を断ってしまう事もあるという事を自覚し、できるだけ幅の広い視野を持って片寄らない、即ち「バランス」感覚の優れた人になって頂きたいと思います。

「バランスを取る」という事は、要するに何事もある一部分に能力や考え方や行動が片寄

る事を戒めた言葉なのです。

片寄った能力や考え方や行動は短期的に見れば成功する事は可能ですが、長時間幸せであったり勝ち続ける為にはできるだけ色々な要素を合わせ持つバランス感覚が必要だと私は思います。

ある能力については、絶対私は強いという事は大変強い武器なのですが、他の事柄にしてもせめて平均点位は持っていないと結局短所に長所が食われてしまい、長続きせず消滅していくだろうと私は思います。

■ (98) 全ては繋がっている

●青い地球が一つのように 全ては繋がっている

自然をよく観察していると驚く事が沢山あります。植物と動物は本来別々に生まれ、何ら関係のない筈なのですが、植物が酸素を作り、食物を提供し、子孫を繁栄させる生殖機能にまで関連しているのです。

自然の中には何一つ無駄な物はなく、それぞれが深く相互依存という形で繋がっています。

宇宙から地球を見ると青い球体に見えるそうですが、そこには国境も民族も隔てる壁は何一つありません。ただ一つの青い惑星があるだけなのです。

全ては地球という星の中の構成物なのです。勿論人間でさえその一部分なのです。

人間関係にしても他人との関係を拒否して社会生活を送る事は大変難しい事です。なぜなら、社会はそれぞれの分野での分担作業なのですから、どの職業、人も自分とはある意味で関係があるのです。

勉強にしてもある分野だけ専門に努力すれば、それだけで生活の糧を得るまでには到達しますが、それ以上となるとやはり社会全般の事を知っていないと駄目になると思います。なぜなら、社会も教育もそれぞれの国も人間も互いに相互依存しながら存在しているのです。

何一つ無駄な物も無駄な人もいないのです。それぞれに存在する役割があるのです。考え方にしても、ある考えが独立してあるのではなく**「身の内に在り」**を説明しようと思えば**「一流になれば押し上げられる」「欠点に魅力有り」「驕る」「自立」「捨てる」「自然体」「転んでもただでは起きない」**等々、全てが関連しているのです。

つまり本来本書は一つの内容なのですが、分かり易く理解して頂く為に、別々に箇条書にしてあるだけなのです。ですから本書のある部分だけを理解するよりも、全体をできるだけ理解して頂きたいと思います。

色々な言葉が連鎖反応のように響き合って一つの輪を作っているのです。全体を理解して頂いた時初めて本書はその力を発揮するのです。

ある難題に出遭った時、深い挫折を経験した時、輝かしい成功を収めた時、本書はそれらの事に的確になすべき事の暗示を与えたり、共に喜びを分かち合ったりするものです。

「全ては繋がっている」とは、丸い地球が一つのように、それを構成している物も空気も人間も本来一つの物から生まれ、それぞれの役割を分担しているに過ぎません。
そして考え方も言葉も色でさえ全てが少しずつ関連し合いながら丸い一つの輪

を形成している事を教えています。

ある部分だけを理解して全てを判断せずに、全てを理解して丸い輪のように関連し合っているという事に気付いて欲しいと思います。

■(99) 未完の完

●完全に完成したものが全てではない 伸びしろを残しておく

中国古典の中には「過《す》ぎたるは猶及《なおおよ》ばざるが如《ごと》し」という諺と同意の教えが随分あります。

「大弁は訥《つと》なるが如し」真の雄弁は訥弁（下手な話し方）のように見える。本当に真直ぐなものは曲がっている様に見える。本当に巧妙なものは稚拙な様に見える。本当に豊かなものはどこか不足している様に見える。

「君子は言に訥《つと》にして、行いに敏《びん》ならんことを欲す」指導者たる者は良くしゃべるより、行動で範を示せ。というように、しゃべり過ぎの害を嫌という程諭しています。しゃべり過ぎの為に身を誤り左遷されたといったたぐいの話は、世間にはザラにあります。「口は災いの元」しゃべり過ぎは百害あって一利なしと戒め、つい酒に酔って失言したという事のないように十分注意して頂きたいと思います。

逆に、「未完の完」という言葉があります。

建築家の安藤忠雄氏が、

「作家というものは100％表現してはいかん。70％〜80％にとめて、後の20％〜30％はそれを使う人が創り出せば良い」

と言っておられましたが、さすがと感心させられました。

完成されたものは確かに美しく素晴らしいのですが、未完成のこれから完成していく過程にあるものの姿は、完成されたものに劣らず美しく力強いものです。

一〇〇点満点は取れても一〇〇点満点であり続ける事は出来ません。

それはあたかも「記録は破られる為にある」の言葉通り、どんな世界記録もいつか誰かに塗り替えられる運命にあるのと似ています。

一〇〇点満点というのは、そのものが完成した時点では可能であっても、それから時間の経過に従って減点していく運命にあるのです。**希に例外としては絵画や音楽、芸術作品等、時間の経過と共に価値の高くなる物はありますが…。**

ディズニーランドの思想の中で一番凄い、本物だと思ったのは、

「常に未完成の完を目指す」

という部分です。

それは施設を100％完成しないで70％〜80％に止めておいて、常に新しいアトラクション

を創造し、観客を飽きさせない本物のサービスを提供する思想なのです。そして、何度も訪れたくなるリピーター獲得に成功した秘訣の一つが、「未完の完」を理想的な形で実行していることでしょう。

ただ、逆説的に考えると、本来私達が「100％完成品だ」と思っている物は、実は未完成なのであって、未完成こそ完成だという考えも成り立つではありませんか。

「未完の完」とは、「過ぎたるは猶及ばざるが如し」「口は災いの元」等のように、行き過ぎると害を及ぼす場合があると教えています。

残念ながら本書も「身の内に在り　一〇〇訓」と謳っていますが、九十九訓しかありません。まさに、「未完の完」の所以であります。

読者諸兄の御明察に感謝し、本項を終えたいと思います。

―感　謝―

■

(100) 最後はあなた自身の言葉で…

参考（引用）文献一覧 （順不同）

・樋口一葉「日記」より
・樹木希林（女優）「名言より」
・松下幸之助（松下電器産業㈱創業者）「名言より」
・中内功（ダイエー創業者）「名言より」
・織田信長（戦国の武将）「名言より」
・豊臣秀吉「時世の句より」
・岡倉天心（明治時代の思想家）「名言より」
・土方歳三（新選組副長）「名言より」
・高杉晋作（長州藩士）「名言より」
・錦織圭（プロテニスプレーヤー）「名言より」
・イチロー（元プロ野球選手）「名言より」
・鍵山秀三郎（イエローハット創業者）「名言より」
・本田宗一郎（ホンダ自動車創業者）「名言より」
・野口英世（医師・細菌学者）「名言より」
・倉田百三（劇作家）「名言より」
・永井荷風（作家）「名言より」
・大山康晴（棋士）「名言より」
・赤塚不二夫（漫画家）『天才バカボン』より
・ヘレン・ケラー（アメリカの教育者）「名言より」
・李白（中国の詩人）「名言より」
・ピエール＝オーギュスト・ルノアール（画家）「名言より」
・パブロ・ピカソ（画家）「名言より」
・ヘンリー・デイヴィッド・ソロー（アメリカの思想家）「名言より」
・アルフレッド・テニスン（イギリスの詩人）「名言より」
・デール・カーネギー（アメリカの教育者）「名言より」
・ヘンリー・ミラー（アメリカの小説家）「名言より」
・レオナルド・ダ・ヴィンチ（現イタリアの芸術家）「名言より」

・『火の杯』　山本周五郎（新潮社）
・『暮らしの中のことわざ辞典』　折井英治（集英社）
・『広辞苑』　新村出（岩波書店）
・『大辞林』　松村明（三省堂）
・『この国のかたち』　司馬遼太郎（文藝春秋）
・『氷川清話』　勝海舟（講談社）
・『一日一言』　守屋洋（三笠書房）
・随想録『パンセ』　ブレーズ・パスカル
・『長いお別れ』　レイモンド・チャンドラー（早川書房）
・『老人と海』　ヘミングウェイ（新潮社）
・『淮南子』（中国、前漢時代の哲学書）
・『論語』
・『「易経」坤卦より』
・『宋史』岳飛伝より

■著者プロフィール
平木歡二（ひらきかんじ）

1945年（昭和20年）4月14日生　　大阪市住吉

1966年（昭和41年）3月　浪速短期大学　デザイン課　卒業
1972年（昭和47年）　インテリアアド創業
1989年（平成元年）　改組　株式会社あど
有限会社平木商事　創立

私の心条

① 礼節　② 冒険　③ 感謝

座右の銘

人間万事塞翁が馬
行蔵は我にあり

尊敬する日本人

中村　哲
黒沢　明
勝　海舟
杉原　千畝

好きな作家

山本　周吾郎「樅ノ木は残った」（新潮社）「ながい坂」（新潮社）
「おたふく物語」（角川春樹事務所）
司馬　遼太郎「竜馬がゆく」（文藝春秋）「燃えよ剣」（新潮社）
藤沢　周平「蝉しぐれ」（文藝春秋）「三屋清左衛門残日録」（文藝春秋）
子母澤　寛「勝海舟」（新潮社）「新選組始末記」（中経出版）
山岡　荘八「徳川家康」（講談社）「織田信長」（講談社）

その不幸《ふこう》には意味《いみ》がある 身《み》の内《うち》に在《あ》り 100訓《くん》

・発行日
2022 年 4 月 30 日　初版第 1 刷発行

・著　者
平木歡二

・企　画
有限会社平木商事出版部
・構成・表紙デザイン
福山武美
・編集・制作
株式会社産經新聞制作
・発行所
産經新聞生活情報センター
〒 556-0017 大阪市浪速区湊町 2 丁目 1 番 57 号
TEL 06(6636)2281
・発行者
弓手友信
・発　売
図書出版浪速社
〒 540-0037 大阪市中央区内本町 2 丁目 2 番 7 号 502
TEL 06(6942)5032　FAX 06(6943)1346
・印刷・製本
梅田印刷株式会社

※本書の収益は「産経新聞厚生文化事業団」を通じて全額寄付します。

※ ISBN978-4-88854-548-8